Antoine de Saint-Exupéry
Der kleine Prinz

Antoine de Saint-Exupéry

DER KLEINE PRINZ

Aus dem Französischen übersetzt
von Bernadette Ott

Hase und Igel®

Für Lehrkräfte gibt es zu diesem Buch
ausführliches Begleitmaterial beim Hase und Igel Verlag.

Die Originalausgabe erschien erstmals 1943
unter dem Titel „Le Petit Prince"
bei Reynal & Hitchcock, New York.

© 2019 Hase und Igel Verlag GmbH, München
www.hase-und-igel.de
Lektorat: Patrik Eis
Illustrationen: Petra Lefin
Satz: Appel Grafik München GmbH
Druck: Grafisches Centrum Cuno GmbH & Co. KG

Taschenbuch:
ISBN 978-3-86760-281-5 (3. Auflage 2022)
Gebundene Ausgabe:
ISBN 978-3-86760-283-9

Für Léon Werth

Ich bitte alle Kinder um Verzeihung dafür, dass ich dieses Buch einem Erwachsenen gewidmet habe. Ich habe dafür eine gute Entschuldigung: Dieser Erwachsene ist mein allerbester Freund. Und eine andere Entschuldigung habe ich auch noch: Er ist zwar ein Erwachsener, aber er versteht alles, sogar Bücher, die für Kinder geschrieben sind. Ich habe noch eine Entschuldigung: Er wohnt in Frankreich, wo die Menschen gerade Hunger und Durst leiden, und da kann er etwas Trost gut gebrauchen. Und wenn euch alle diese Entschuldigungen nicht reichen, seid ihr ja vielleicht mit meiner neuen Widmung einverstanden. Ich widme dieses Buch dem Kind, das dieser Erwachsene einmal gewesen ist. Alle Erwachsenen waren nämlich früher einmal Kinder. Auch wenn nur wenige sich daran erinnern. Deshalb schreibe ich jetzt hier:

Für Léon Werth,
als er noch ein kleiner Junge war

I

Als ich sechs war, habe ich einmal in einem Buch über den Urwald, das den Titel *Wahre Geschichten* trug, ein großartiges Bild entdeckt: eine Boa, die ein wildes Tier verschlingt. Hier mein Versuch, es für euch nachzuzeichnen:

In dem Buch hieß es dazu: „Boas verschlingen ihre Beute mit Haut und Haar, ohne zu kauen. Danach können sie sich nicht mehr rühren. Sie schlafen sechs Monate lang, bis sie alles verdaut haben."

Die Abenteuer im Dschungel wollten mir danach nicht mehr aus dem Kopf. Mit einem Buntstift habe ich meine allererste Zeichnung angefertigt. Meine Zeichnung Nummer 1. So hat sie ausgesehen:

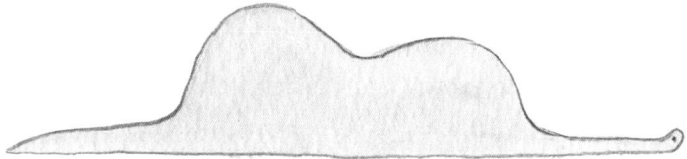

Dann habe ich mein Werk den Erwachsenen gezeigt und sie gefragt, ob ihnen meine Zeichnung nicht Angst mache.

„Warum soll ein Hut mir denn Angst machen?", kam als Antwort.

Auf meiner Zeichnung war aber kein Hut zu sehen. Auf meiner Zeichnung war eine Schlange zu sehen, die gerade einen Elefanten verdaut. Also habe ich das Innere der Boa gezeichnet, zum besseren Verständnis für die Erwachsenen. Erwachsenen muss man immer alles erklären. Meine Zeichnung Nummer 2 hat so ausgesehen:

Die Erwachsenen haben gesagt, dass ich mit dem Zeichnen von Boas, ob mit oder ohne Elefant, besser aufhören soll. Geografie, Geschichte, Rechnen und Grammatik – dafür sollte ich mich lieber interessieren! Und so kam es, dass mit sechs Jahren bei mir Schluss war mit einer großartigen Karriere als Maler. Der Misserfolg mit meinen Zeichnungen Nummer 1 und 2 hatte mich entmutigt. Die Erwachsenen verstehen nie etwas von allein und für Kinder ist das ganz schön mühsam: Immer und immer wieder muss man ihnen alles erklären …

Deshalb habe ich mir einen anderen Beruf ausgesucht und bin Pilot geworden. Ich bin überall in der Welt herumgeflogen. Geografie hat mir dabei viel geholfen, das stimmt schon. Dann kann man auf den ersten Blick China von Arizona unterscheiden. Wenn man sich nachts mal verflogen hat, ist das sehr nützlich.

Ich hatte in meinem Leben sehr viele Begegnungen mit sehr vielen Menschen, die alle sehr erwachsen waren. Ich habe viel mit ihnen erlebt. Ich habe die Erwachsenen aus nächster Nähe kennengelernt. Was es nicht wirklich besser gemacht hat.

Wenn mir jemand etwas schlauer als die anderen vorgekommen ist, habe ich meine Zeichnung Nummer 1 hervorgezogen, die ich immer dabeihatte. Ich stellte mein Experiment an. Ich wollte wissen, ob der-

oder diejenige wirklich etwas auf dem Kasten hatte. Aber immer bekam ich als Antwort: „Das ist ein Hut." Deshalb habe ich dann nichts von Boas und Urwäldern und Sternen erzählt. Ich habe mich auf Augenhöhe unterhalten. Ich habe über Dinge geredet, von denen Erwachsene etwas verstehen: Golfspielen, Politik, Krawatten, solche Sachen. Und die Erwachsenen waren immer froh, dass ich genauso vernünftig war wie sie …

2

So kam es, dass ich ziemlich einsam war. Es war einfach niemand da, mit dem ich wirklich reden konnte. Erst vor sechs Jahren hat sich das geändert. Da hatte ich mit meinem Flugzeug eine Panne in der Sahara. An meinem Motor war irgendetwas kaputtgegangen. Weil ich niemanden dabeihatte – weder einen Mechaniker noch Passagiere – machte ich mich ganz allein daran, die schwierige Reparatur durchzuführen. Es ging um Leben und Tod. Mein Wasservorrat reichte gerade mal für acht Tage.

Am ersten Abend legte ich mich in den Wüstensand zum Schlafen, viele, viele Meilen von der nächsten menschlichen Siedlung entfernt. Ich war einsamer als ein Schiffbrüchiger auf einem Floß mitten im Ozean. Stellt euch deshalb meine Überraschung vor, als ich am nächsten Morgen durch eine merkwürdige kleine Stimme aufgeweckt wurde. Sie sagte zu mir: „Bitte ... zeichne mir ein Schaf!"

„Was?"

„Zeichne mir ein Schaf!"

Wie vom Blitz getroffen sprang ich auf. Ich rieb mir die Augen und schaute mich überall um. Und dann entdeckte ich ein Kerlchen, wie ich noch nie eines gesehen hatte. Es musterte mich mit ernster Miene. Hier könnt ihr die beste Zeichnung sehen, die ich später von ihm hingekriegt habe:

Leider kommt dieses Porträt nicht an die Wirklichkeit heran. Das Kerlchen war viel zauberhafter. Aber nicht ich bin schuld daran, dass die Zeichnung so ist.

Als ich sechs war, haben die Erwachsenen mich von meiner Karriere als Maler abgebracht. Deshalb kann ich nur Boas mit verschlucktem Elefant von außen oder von innen zeichnen.

Ich habe den kleinen Kerl mit großen runden Augen angestaunt. Ihr dürft nicht vergessen: Ich befand mich mitten in der Wüste, viele, viele Meilen von jeder menschlichen Behausung entfernt. Der Junge musste sich verirrt haben. Aber er war weder todmüde noch halb verhungert oder verdurstet. Und große Angst schien er auch nicht zu haben. Er wirkte ganz und gar nicht wie ein verlassenes Kind mitten in der Wüste, viele, viele Meilen von der nächsten bewohnten Ortschaft entfernt.

Endlich brachte ich ein paar Worte heraus und fragte: „Aber … wo kommst du denn auf einmal her?"

Er wiederholte leise und mit großem Ernst: „Bitte … zeichne mir ein Schaf …"

Wenn ein Rätsel zu groß und unbegreiflich ist, dann traut man sich nicht zu widersprechen. Mir kam das alles sehr seltsam vor, viele, viele Meilen von der letzten Ortschaft vor der Wüste entfernt. Und dazu war ich ja auch noch in Lebensgefahr. Aber ich zog ein Blatt Papier und einen Stift hervor. Dann fiel mir ein, dass ich in der Schule nur Geografie, Geschichte, Rechnen und Grammatik gelernt hatte. Leicht verärgert erwiderte ich dem kleinen Kerl, dass ich nicht zeichnen könne.

Darauf antwortete er: „Macht nichts. Zeichne mir ein Schaf!"

Weil ich noch nie ein Schaf gezeichnet hatte, habe ich für ihn dann eine der zwei Zeichnungen angefertigt, die ich kann: die Boa mit verschlucktem Elefant von außen.

Und ich war überrascht, als der Junge mir antwortete: „Nein! Nein! Ich will keinen Elefant in einer Boa. Eine Boa ist sehr gefährlich und ein Elefant ist ein sehr sperriges Tier. Bei mir ist alles klein. Ich brauche ein Schaf. Zeichne mir ein Schaf."

Also habe ich eins gezeichnet:

Er schaute mir aufmerksam dabei zu. Dann sagte er: „Nein! Das sieht irgendwie schon krank aus. Mach ein anderes."

Ich habe ein anderes Schaf gezeichnet.

Mein kleiner Freund lächelte nachsichtig. „Schau doch mal genau hin … Das ist kein Schaf, es ist ein Widder. Er hat Hörner …"

Also habe ich noch einmal eins gezeichnet.

Auch diese Zeichnung wurde abgelehnt, wie die anderen. „Das ist zu alt. Ich will ein Schaf, das noch lange lebt."

Da habe ich ihm ungeduldig die Zeichnung hinge-kritzelt, die ihr hier unten seht. Ich wollte endlich mit der Reparatur meines Flugzeugs anfangen.

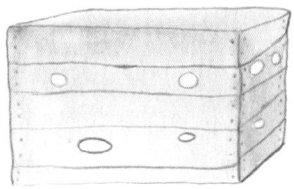

„Das ist seine Kiste", sagte ich. „Dein Schaf ist da drin."

Überrascht stellte ich fest, dass mein kritischer kleiner Freund auf einmal strahlte. „Genau so wollte ich es haben! Glaubst du, dass das Schaf viel Gras braucht?"

„Warum?"

„Weil bei mir alles klein ist …"

„Das Gras reicht bestimmt. Ich habe dir ein ganz kleines Schaf geschenkt."

Er beugte sich über die Zeichnung. „So klein auch wieder nicht … Da! Schau mal! Jetzt schläft es …"

So habe ich den kleinen Prinzen kennengelernt.

3

Lange Zeit habe ich nicht verstanden, wo er hergekommen ist. Der kleine Prinz stellte zwar gern viele Fragen, aber wenn ich von ihm etwas wissen wollte, hörte er einfach nicht hin. Mal hier eine Äußerung, mal da – so habe ich allmählich alles herausgefunden. Als er zum Beispiel das erste Mal mein Flugzeug gesehen hat (das zeichne ich euch nicht, es ist viel zu kompliziert), da fragte er mich: „Was ist das denn für ein Dingsda?"

„Das ist kein Dingsda. Es fliegt. Es ist ein Flugzeug. Mein Flugzeug." Er sollte ruhig merken, wie stolz ich darauf war, dass ich fliegen konnte.

Da rief er: „Wie? Du bist vom Himmel heruntergefallen?"

„Ja", sagte ich kleinlaut.

„Oh! Das ist aber lustig …"

Und der kleine Prinz bekam einen Lachanfall, was mich sehr ärgerte. Wenn mir etwas zustößt, will ich nicht, dass man sich über mich lustig macht.

Er fuhr fort: „Dann kommst du auch vom Himmel! Von welchem Planeten denn?"

Da ging mir plötzlich ein Licht auf. Ich fragte zurück: „Du kommst also von einem anderen Planeten?"

Aber er antwortete nicht. Er schaute mein Flugzeug

an und schüttelte den Kopf. „Na ja, mit so was kommt man auch nicht sehr weit …"

Er träumte eine Weile vor sich hin. Dann zog er mein Schaf aus der Hosentasche und betrachtete seinen neuen Schatz.

Wie aufgeregt ich war, könnt ihr euch vorstellen. Ein kleiner Prinz von einem anderen Planeten! Ich bemühte mich, noch mehr aus ihm herauszubringen: „Sag, kleiner Kerl, wo bist du zu Hause? Wohin willst du mein Schaf denn mitnehmen?"

Nach einem nachdenklichen Schweigen antwortete er: „Wie gut, dass du mir für das Schaf die Kiste gegeben hast. Dann hat es nachts ein Dach über dem Kopf."

„Ja. Und wenn du brav bist, kriegst du von mir auch noch ein Seil, um dein Schaf tagsüber anzubinden. Und dazu einen Pflock."

Der kleine Prinz wirkte empört: „Anbinden? Komische Idee!"

„Aber wenn du es nicht anbindest, geht es, wohin es will, und kann sich leicht verirren."

Da lachte mein kleiner Freund wieder. „Wohin soll es denn gehen?"

„Irgendwohin. Immer der Nase nach …"

Daraufhin sagte der kleine Prinz mit großem Ernst: „Kann es ruhig. Bei mir ist es sehr klein!"

Und es klang ein bisschen traurig, als er hinzufügte: „Immer der Nase nach, da kommt man bei mir zu Hause nicht weit …"

4

So hatte ich noch etwas anderes, sehr Wichtiges erfahren: Der Planet, von dem er stammte, war nicht größer als ein Haus!

Das erstaunte mich nicht besonders. Ich wusste, dass es neben den großen Planeten – Erde, Jupiter, Mars oder Venus, die alle Namen haben – Hunderte von kleinen Planeten gibt, manchmal so klein, dass sie sogar mit dem Teleskop nur schwer zu erkennen sind. Entdeckt ein Astronom einen solchen Planeten, gibt er ihm keinen Namen, sondern nur eine Zahl. Er nennt ihn zum Beispiel Asteroid 325.

Ich habe gute Gründe anzunehmen, dass es sich bei dem Planeten, von dem der kleine Prinz kam, um den Asteroiden B 612 handelt. Dieser Asteroid wurde bisher nur ein einziges Mal

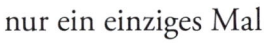

mit dem Teleskop gesichtet, und zwar im Jahr 1909. Ein Sternenforscher aus der Türkei entdeckte ihn.

Auf einem Internationalen Kongress für Astronomie präsentierte er seine Entdeckung. Doch keiner glaubte dem Astronomen, weil er so merkwürdig gekleidet war. Erwachsene sind nun mal so.

Zum Glück für den Ruf des kleinen Planeten B 612 befahl ein türkischer Diktator dann seinen Landsleuten, sich europäisch anzuziehen. Der Astronom wiederholte 1920 seinen Vortrag in einem eleganten Anzug. Und diesmal konnte er alle Zuhörer überzeugen.

Warum erzähle ich euch das mit dem Asteroiden und seiner genauen Nummer eigentlich? Nur wegen der Erwachsenen. Erwachsene lieben Zahlen. Wenn ihr Erwachsenen erzählt, dass ihr einen neuen Freund habt, dann fragen sie euch nie nach dem, was wichtig ist. Sie fragen nie: „Wie hört sich seine Stimme an? Was spielt er gern? Sammelt er Schmetterlinge?" Stattdessen fragen sie: „Wie alt ist er? Wie viele Geschwister hat er? Wie viel wiegt er? Wie viel verdient sein Vater?" Erst dann glauben sie, dass sie Bescheid wissen.

Wenn ihr Erwachsenen sagt: „Ich habe ein schönes Haus aus rotem Backstein gesehen, mit Geranien an den Fenstern und Tauben auf dem Dach", dann können sie sich das Haus nicht richtig vorstellen. Ihr müsst sagen: „Ich habe ein Haus gesehen, das eine Million wert ist!" Dann rufen sie: „Wie wunderbar!"

Und so verhält es sich auch, wenn ihr zu ihnen sagt: „Ich kann euch beweisen, dass es den kleinen Prinzen gegeben hat! Er war nämlich nett, er hat viel gelacht und er wollte unbedingt ein Schaf haben. Wenn jemand ein Schaf haben möchte, beweist das doch, dass er existiert!" Dann werden sie euch fragend anschauen und wie ein Kind behandeln.

Anders ist es, wenn ihr zu ihnen sagt: „Bei dem Planeten, von dem er hergekommen ist, handelt es sich um Asteroid B 612." Dann habt ihr sie überzeugt und sie werden euch mit ihren Fragen in Ruhe lassen. Erwachsene sind eben so. Man darf ihnen deswegen nicht böse sein. Kinder müssen viel Geduld mit den Erwachsenen haben.

Aber uns sind die blöden Zahlen egal. Wir wissen, was im Leben wirklich zählt. Am liebsten hätte ich diese Geschichte wie ein Märchen anfangen lassen und geschrieben: „Es war einmal ein kleiner Prinz, der lebte auf einem Planeten, der kaum größer war als er selbst, und der sehnte sich nach einem Freund …" Für alle, die wie wir wissen, was im Leben wirklich zählt, hätte das viel einleuchtender geklungen.

Ich möchte nämlich nicht, dass ihr mein Buch auf die leichte Schulter nehmt. Beim Erzählen meiner Geschichte wird mir ganz weh ums Herz. Sechs Jahre ist es jetzt schon her, dass mein Freund mit seinem Schaf fortgegangen ist. Wenn ich ihn hier zu beschreiben versuche, dann um ihn nicht zu vergessen. Es ist traurig, wenn man einen Freund allmählich vergisst. Nicht jeder hat so einen Freund gehabt. Ich will nicht wie die Erwachsenen werden, die sich nur noch für Zahlen interessieren. Deshalb habe ich mir auch einen Malkasten und Stifte gekauft.

In meinem Alter wieder mit dem Zeichnen anzufangen, ist kein Kinderspiel. Vor allem dann nicht, wenn man das letzte Mal mit sechs Jahren ein paar Zeichenversuche unternommen hat – und wenn diese sich auf eine Boa von außen und von innen beschränkt haben. Ich werde versuchen, den kleinen Prinzen so abzubilden, wie er wirklich ausgesehen hat. Aber ich weiß nicht, ob mir das gelingt. Mal bin ich ganz zufrieden, dann wieder finde ich, dass ich ihn gar nicht gut getroffen habe. Mit der Größe habe ich auch meine Probleme – mal ist der kleine Prinz zu groß geraten, dann wieder zu klein. Bei der Farbe seiner Kleidung bin ich mir auch unsicher. So taste ich mich allmählich voran, mehr schlecht als recht. Und dabei unterlaufen mir womöglich Fehler bei wichtigen Einzelheiten. Das müsst ihr mir nachsehen! Der kleine Prinz war kein Freund von langen Erklärungen. Vielleicht hat er geglaubt, ich sei genau wie er. Aber ich kann leider keine Schafe sehen, die in Kisten stecken. Vielleicht bin ich doch ein bisschen wie die Erwachsenen. Man wird eben älter.

5

Jeden Tag habe ich mehr über den Planeten des kleinen Prinzen erfahren, über seinen Abschied und über seine Reise. Das passierte beiläufig, wenn er über irgendetwas laut nachdachte. Am dritten Tag hörte ich so von der Tragödie mit den Affenbrotbäumen.

Auch das hatte mit dem Schaf zu tun. Der kleine Prinz fragte mich nämlich, als wären ihm plötzlich Zweifel gekommen: „Schafe fressen doch auch Sträucher, oder?"

„Ja. Das stimmt."

„Oh! Das ist gut."

Ich begriff nicht, warum es so wichtig war, dass Schafe Sträucher fressen.

Aber der kleine Prinz fuhr fort: „Dann fressen sie also auch Baobabs?"

Ich erklärte dem kleinen Prinzen, dass Affenbrotbäume keine Sträucher sind, sondern so groß wie Kirchtürme. Selbst wenn er eine ganze Herde Elefanten auf seinen Planeten mitnehmen würde, könnten die Elefanten nicht einmal einen einzigen Baobab verputzen.

Bei der Vorstellung von einer Herde Elefanten auf seinem Planeten musste der kleine Prinz lachen. „Vielleicht, wenn ich sie übereinanderstapeln würde …"

Dann bemerkte er weise: „Auch ein großer Baobab fängt einmal klein an."

„Wohl wahr! Aber warum willst du denn, dass deine Schafe die kleinen Baobabs fressen?"

Darauf antwortete er nur: „Na, warum wohl?" So als wäre damit alles gesagt. Und ich musste mir den Kopf darüber zerbrechen, was er meinte.

Es war nämlich so, dass es auf dem Planeten des kleinen Prinzen – wie überall – gute und böse Pflanzen gab. Und deshalb auch gute Samen und böse Samen. Aber Samen sind unsichtbar. Sie schlafen versteckt in der Erde, bis es ihnen eines Tages einfällt aufzuwachen. Dann räkelt sich so ein Samen und reckt der Sonne schüchtern einen harmlosen kleinen Stängel entgegen. Wenn es sich dabei um den Spross eines Radieschens oder einer Rose handelt, dann kann man ihn wachsen lassen, wie er will. Wenn es sich aber um eine böse Pflanze handelt, also um Unkraut, dann muss man sie ausreißen, sobald man sie entdeckt hat. Auf dem Planeten des kleinen Prinzen gab es grauenhafte Samen ... und das waren die Samen des Affenbrotbaums. Die Erde des Planeten steckte voll davon. Passt man bei einem Baobab nicht auf, dann wird man ihn nie mehr los. Er überwuchert den ganzen Planeten und durchbohrt ihn mit seinen Wurzeln. Und wenn der Planet zu klein ist und es zu viele Baobabs gibt, dann zersprengen sie ihn schließlich.

„Das ist alles eine Frage der Disziplin", sagte mir der kleine Prinz später. „Nach dem Waschen und Zähneputzen am Morgen muss man eben auch den Planeten sorgfältig pflegen. Man muss die winzigen Baobabs herausreißen, sobald man sie von den Rosen unter-

scheiden kann. Wenn sie noch sehr klein sind, sind sich nämlich beide zum Verwechseln ähnlich. Das ist zwar lästig, aber keine schwere Arbeit."

Ein anderes Mal ermahnte er mich, davon auch ja eine schöne Zeichnung zu machen, um den Kindern bei mir zu Hause zu zeigen, wie das geht. „Wenn sie später einmal auf Reisen gehen", sagte er, „kann ihnen das sehr nützlich sein. Manchmal macht es nichts, wenn man eine Arbeit aufschiebt. Aber bei den Baobabs führt das zur Katastrophe! Ich kenne einen Planeten, auf dem wohnt ein Faulpelz. Er hat drei Baobabs einfach weiterwachsen lassen …"

Und genau so, wie der kleine Prinz ihn mir geschildert hat, habe ich diesen Planeten dann gezeichnet.

Ich hebe nicht gern den Zeigefinger. Aber die Gefahr, die von den Affenbrotbäumen ausgeht, wird allgemein verkannt. Dem Reisenden, der sich auf einen Asteroiden verirrt hat, droht durch diese Bäume ein grauenhaftes Schicksal. Deshalb mache ich hier eine Ausnahme und rufe euch zu: „Kinder, nehmt euch vor den Baobabs in Acht!"

Bei meiner Zeichnung der Affenbrotbäume habe ich mich besonders angestrengt. Ich muss meine Freunde nämlich dringend vor einer Gefahr warnen, von der sie bisher vielleicht gar nichts ahnen. Aber diese Gefahr droht uns allen! Das war mir die Mühe wert. Ihr fragt euch vielleicht, warum es in diesem Buch nicht noch mehr Zeichnungen gibt, die genauso eindrucksvoll sind wie die von den Baobabs. Die Antwort lautet: Ich habe es versucht, aber nicht hingekriegt. Bei den Affenbrotbäumen ist es mir gelungen, weil es mir einfach gelingen musste.

6

Ach, kleiner Prinz, nach und nach habe ich verstanden, wie traurig du oft auf deinem Planeten warst. Die schönen Sonnenuntergänge waren lange Zeit deine einzige Unterhaltung.

Darauf bin ich gekommen, als du am Morgen des vierten Tages zu mir gesagt hast: „Ich mag Sonnenuntergänge. Lass uns zusammen einen Sonnenuntergang anschauen …"

„Aber da müssen wir erst noch warten …"

„Warten? Worauf?"

„Na, bis die Sonne untergeht."

Da warst du erst sehr überrascht. Dann hast du gelacht und zu mir gesagt: „Ich denke immer noch, ich bin bei mir zu Hause!"

In der Tat: Wie wir alle wissen, geht in Frankreich bereits die Sonne unter, wenn es in den Vereinigten Staaten Mittag ist. Ein Amerikaner, der mittags den Sonnenuntergang erleben will, müsste also einfach nur in einer Minute nach Frankreich fliegen. Leider ist Frankreich dafür viel zu weit weg. Aber auf deinem winzigen Planeten reichte es aus, den Stuhl ein paar Schritte weiterzurücken. Schon konntest du den Sonnenuntergang so oft anschauen, wie du wolltest.

„Einmal habe ich die Sonne vierundvierzig Mal an einem Tag untergehen sehen!"

Etwas später hast du hinzugefügt: „Weißt du … wenn man traurig ist, dann liebt man Sonnenuntergänge …"

„An dem Tag mit den vierundvierzig Sonnenuntergängen warst du also sehr traurig?"

Aber der kleine Prinz antwortete nicht.

7

Am fünften Tag fand ich das Geheimnis im Leben des kleinen Prinzen heraus. Wieder hatte es mit dem Schaf zu tun. Ohne Umschweife, so als hätte er bereits lange über dieses Problem nachgedacht, fragte er mich plötzlich: „Aber wenn ein Schaf Sträucher frisst, dann frisst es doch auch Blumen?"

„Ein Schaf frisst alles, was ihm vors Maul kommt."

„Auch Blumen, die Dornen haben?"

„Ja. Auch Blumen, die Dornen haben."

„Und wozu sind dann die Dornen gut?"

Ich wusste es nicht. Ich war gerade mit einer zu stramm festgezogenen Schraube an meinem Motor beschäftigt. Meine Panne machte mir allmählich ernsthaft Sorgen und außerdem hatte ich nicht mehr viel Trinkwasser. Ich begann, das Schlimmste zu befürchten.

„Wozu sind die Dornen gut?" Der kleine Prinz wollte auf jede Frage, die er stellte, eine Antwort.

Ich ärgerte mich über die Schraube, die ich nicht losbekam, und antwortete, ohne weiter nachzudenken: „Dornen sind zu überhaupt nichts gut. Das ist reine Boshaftigkeit von den Blumen!"

„Oh!"

Nach einem kurzen Schweigen warf mir der kleine Prinz verärgert an den Kopf: „Glaub ich dir nicht! Blumen sind zarte, schwache Wesen. Sie sind harmlos. Sie versuchen sich zu schützen so gut sie können. Mit ihren Dornen halten sie sich für furchteinflößend …"

Ich sagte darauf gar nichts mehr. Ich dachte in diesem Augenblick nur: Wenn diese Schraube nicht sofort nachgibt, schlag ich sie mit dem Hammer weg!

Der kleine Prinz störte mich wieder: „Aber du glaubst, dass die Blumen …"

„Nein! Nein! Ich glaube gar nichts! Ich hab einfach nur irgendwas geantwortet. Ich bin gerade mit anderen Dingen beschäftigt. Mit ernsten Dingen!"

Er schaute mich entgeistert an.

„Jawohl, mit ernsten Dingen!"

Der kleine Prinz sah mir zu, wie ich mich mit dem Hammer in der Hand, die Finger schwarz vom Schmieröl, über einen Gegenstand beugte, der ihm sehr hässlich vorkommen musste. „Du redest wie die Erwachsenen!"

Da schämte ich mich etwas.

Erbarmungslos fuhr er fort: „Alles verwechselst du! Alles bringst du durcheinander!" Wirklich, er war sehr verärgert. Er schüttelte seine goldenen Haare im Wind.

„Ich kenne einen Planeten, auf dem ein Mann mit einem knallroten Kopf wohnt. Er hat noch nie an einer Blume gerochen. Noch nie zu einem Stern hochgeschaut. Noch nie jemanden geliebt. Er hat noch nie etwas anderes gemacht, als Zahlen zusammenzuzählen. Den ganzen Tag lang wiederholt er genau wie du: ‚Ich bin mit ernsten Dingen beschäftigt! Ich bin mit ernsten Dingen beschäftigt!‘ Und dabei platzt er fast vor Stolz. Aber das ist kein Mensch, das ist ein Fliegenpilz!"

„Was ist er?"

„Ein Fliegenpilz!"

Der kleine Prinz war blass vor Wut.

„Seit Millionen von Jahren lassen die Blumen an ihren Stängeln Dornen wachsen. Seit Millionen von Jahren fressen die Schafe trotzdem die Blumen. Und dann soll es keine ernste Sache sein, wenn ich verstehen will, warum sich die Blumen damit so viel Mühe geben? Warum sie sich Dornen wachsen lassen, die ihnen niemals für irgendwas nützlich sind? Der Krieg zwischen den Schafen und den Blumen soll nicht wichtig sein? Er soll nicht ernster und wichtiger sein als das Zusammenzählen von Zahlen eines dicken Mannes mit knallrotem Kopf? Und wenn ich von einer Blume weiß, die es nur ein einziges Mal und nur auf meinem Planeten gibt,

und wenn ein kleines Schaf diese Blume vielleicht eines Tages auffrisst, einfach so, ohne überhaupt zu merken, was es da tut, dann soll das nicht wichtig sein?"

Er errötete und fuhr fort: „Wenn jemand eine Blume liebt, die es nur ein einziges Mal auf Millionen und Abermillionen von Sternen gibt, dann reicht das. Dann ist er glücklich, wenn er zu den Sternen hochschaut. Er sagt sich: ‚Irgendwo da draußen ist meine Blume …' Aber wenn das Schaf die Blume auffrisst, dann ist es für ihn, als ob plötzlich alle Sterne erlöschen würden! Und das soll nicht wichtig sein?"

Er konnte nicht mehr weiterreden. Er brach in Tränen aus. Es war Nacht geworden. Ich hatte mein Werkzeug weggelegt. Hammer, Schraube, Durst und Tod waren nicht mehr wichtig. Ein kleiner Prinz musste getröstet werden, hier auf meinem Planeten, auf der Erde. Ich nahm ihn in die Arme. Ich wiegte ihn. Ich sagte ihm ins Ohr: „Deine geliebte Blume ist nicht in Gefahr … Ich werde für dein Schaf einen Maulkorb zeichnen … Und für deine Blume zeichne ich einen Zaun … Ich werde …" Ich wusste nicht, was ich ihm noch sagen sollte. Ich kam mir unbeholfen vor. Ich hatte keine Ahnung, wie ich ihn erreichen, wie ich ihm beistehen konnte. Das Land der Tränen ist ein großes Rätsel.

8

Über seine Blume sollte ich bald mehr erfahren. Auf dem Planeten des kleinen Prinzen hatte es immer schon Blumen gegeben, ganz normale, einfache Blumen. Sie hatten nur einen einzigen Kranz Blütenblätter, brauchten nicht viel Platz und störten niemanden. Am Morgen tauchten sie im Gras auf und am Abend waren sie bereits verblüht. Aber diese besondere Blume war eines Tages aus einem Samen aufgekeimt, der von weiß-der-Himmel-wo herbeigeweht worden sein musste. Denn der Spross sah anders aus als alle anderen. Da hatte der kleine Prinz höllisch aufgepasst. Es hätte ja eine neue Art von Affenbrotbaum sein können. Doch der Stängel hörte bald auf zu wachsen und es bildete sich eine Blütenknospe. Der kleine Prinz beobachtete, wie die Knospe immer größer und größer wurde, und spürte, dass sich etwas Wunderbares ankündigte. Aber die Blüte putzte sich noch eine ganze Weile heraus, gut geschützt in ihrer grünen Kammer. Sorgfältig wählte sie die Farben ihres Blütenkleides aus. Sie zog sich bedächtig an, rückte ein Blütenblatt nach dem anderen zurecht. Sie wollte nicht zerknittert wie eine Mohnblume das Licht der Welt erblicken. Sie wollte im strahlenden Glanz ihrer Schönheit erscheinen. Ja, sie war sehr kokett! Ihre geheimnisvolle Schönheitspflege zog sich über viele Tage hin. Schließlich, eines Morgens genau bei Sonnenaufgang, da zeigte sie sich.

Und obwohl sie sich so viel Mühe gegeben hatte, sagte sie gähnend: „Oh, ich bin noch gar nicht richtig wach … Ich bitte um Verzeihung … Ich hatte noch gar keine Zeit, um mich zu frisieren …"

Der kleine Prinz rief voller Bewunderung aus: „Wie schön Sie sind!"

„Nicht wahr?", antwortete die Blume sanft. „Und genau mit der Sonne aufgegangen …"

Der kleine Prinz spürte sehr wohl, dass sie nicht sehr bescheiden war. Aber sie war so entzückend!

„Ich glaube, es ist gerade Frühstückszeit", plauderte die Blume weiter. „Hätten Sie vielleicht die Güte, dabei auch an mich zu denken?"

Und der kleine Prinz eilte verwirrt davon, um seine Gießkanne mit frischem Wasser zu füllen und der Blume davon zu geben.

So verdrehte sie ihm mit ihrer Eitelkeit schnell den Kopf. Eines Tages, als es um ihre vier Dornen ging, sagte sie zum kleinen Prinzen: „Sollen sie ruhig kommen, die Tiger mit ihren Krallen!"

„Auf meinem Planeten gibt es keine Tiger", erwiderte der kleine Prinz. „Und außerdem fressen Tiger kein Grünzeug."

„Ich bin doch kein Grünzeug!", protestierte die Blume leise.

„Oh, Verzeihung …"

„Tiger fürchte ich nicht, aber ich fürchte mich vor Zugluft. Ob Sie vielleicht einen Paravent für mich hätten?"

Da wird sie es schwer haben, wenn sie sich vor ein bisschen Zugluft fürchtet, dachte der kleine Prinz. Diese Blume ist wohl etwas kompliziert.

„Am Abend müssen Sie eine Glasglocke über mich stülpen", sagte die Blume. „Ziemlich frisch hier bei Ihnen. Nicht die besten Bedingungen für eine Blume wie mich. Wo ich herkomme, da …"

Aber sie beendete den Satz nicht. Sie war als Samen auf den Planeten des kleinen Prinzen geweht worden. Sie konnte nichts von anderen Welten wissen. Weil sie sich schämte, bei einer so plumpen Lüge ertappt worden zu sein, hüstelte sie zwei- oder dreimal, um dann dem kleinen Prinzen ein schlechtes Gewissen zu machen: „Was ist denn nun mit meinem Paravent?"

„Ich wollte ihn gleich holen, aber Sie haben ja mit mir gesprochen!"

Da hüstelte sie noch lauter.

So kam es, dass der kleine Prinz trotz seiner aufrichtigen Liebe bald an der Blume zweifelte. Er nahm sich alles zu Herzen, was sie nur so dahinsagte, und wurde ganz unglücklich.

„Ich hätte nicht auf das hören sollen, was sie sagte", vertraute er mir an. „Man darf bei Blumen nie auf das hören, was sie sagen. Sie sind dafür da, dass man sie anschaut und an ihnen riecht. Meine Blume hat den ganzen Planeten mit ihrem Duft erfüllt, aber ich habe mich nicht richtig an ihr freuen können. Die Geschichte mit den Tigern und ihren Krallen hätte mich nicht verärgern, sondern zärtlich stimmen sollen …"

Und später sagte er noch: „Damals habe ich überhaupt nichts begriffen! Was zählt, sind die Taten und nicht die Worte. Sie hat für mich geduftet, hat sich für mich schön gemacht. Ach, warum bin ich bloß davongelaufen! Hinter ihrem albernen Getue hätte ich ihre Zuneigung spüren müssen. Blumen stecken voller Widersprüche! Aber ich war noch zu jung für die Liebe."

9

Als ein Schwarm von Zugvögeln an seinem Planeten
vorbeiflog, nutzte der kleine Prinz die Gelegenheit, um
sich auf und davon zu machen. Vermute ich jedenfalls.
Am Morgen der Abreise brachte er bei sich alles in
Ordnung. Sorgfältig fegte er seine tätigen Vulkane aus,
von denen er zwei besaß. Das war ziemlich praktisch,
um sich am Morgen ein warmes Frühstück zuzuberei-
ten. Er besaß auch einen erloschenen Vulkan, aber er
pflegte zu sagen: „Man kann nie wissen!" Deshalb fegte er auch den erloschenen Vulkan aus. Wenn Vulkane

nämlich gut gereinigt sind, dann brennen sie sacht und gleichmäßig, ohne auszubrechen. Mit einem Vulkanausbruch verhält es sich wie mit einem Kaminfeuer. Wir Menschen auf der Erde sind natürlich viel zu klein, um unsere Vulkane auszufegen. Darum bereiten sie uns auch so viel Ärger.

Betrübt rupfte der kleine Prinz die letzten Sprosse der Affenbrotbäume aus. Es war für ihn ein Abschied für immer. Seine vertrauten Arbeiten erschienen ihm an diesem Morgen unendlich süß. Und als er ein letztes Mal seine Blume goss und sich anschickte, ihr zum Schutz die Glasglocke überzustülpen, kamen ihm fast die Tränen.

„Lebe wohl!", sagte er zu der Blume.

Keine Antwort.

„Lebe wohl!", sagte er noch einmal.

Die Blume hüstelte. Aber es war nicht wegen ihrer Erkältung.

„Ich war ja so dumm", sagte sie schließlich. „Bitte verzeih mir. Ich wünsche dir viel Glück!"

Es überraschte ihn, dass sie ihm keine Vorwürfe machte. Verwirrt hielt er inne, die Glasglocke in der Hand. Er begriff nicht, warum die Blume auf einmal so sanftmütig war.

„Ja, so ist es: Ich liebe dich", sagte die Blume zu ihm. „Du hast es nicht gewusst, daran bin ich selbst schuld. Ist jetzt auch nicht weiter wichtig. Aber du bist genau-

so dumm gewesen wie ich. Ich wünsche dir Glück …
Lass das mit der Glocke. Ich will sie nicht mehr."

„Aber der Wind …"

„So erkältet bin ich auch wieder nicht … Die frische
Nachtluft wird mir guttun. Ich bin doch eine Blume."

„Aber die Tiere …"

„Die zwei, drei Raupen werd ich schon ertragen, ich
will ja die Schmetterlinge kennenlernen. Sie sollen so
schön sein. Wer soll mich sonst besuchen? Du wirst
weit weg sein. Vor den großen Tieren fürchte ich mich
nicht. Ich habe auch meine Krallen." Sie zeigte auf ihre
vier Dornen.

Dann fügte sie hinzu: „Jetzt trödle nicht so herum,
das nervt. Du hast beschlossen wegzugehen. Also geh!"

Sie wollte nämlich nicht, dass der kleine Prinz sie
weinen sah. Sie war eine sehr stolze Blume …

10

Der kleine Prinz befand sich in der Gegend der Asteroiden 325, 326, 327, 328, 329 und 330. Deshalb fing er auf seiner Reise mit ihnen an. Vielleicht gab es dort ja etwas zu tun und er konnte etwas lernen.

Auf dem ersten Asteroiden wohnte ein König. In seinem langen Purpurmantel, der mit Hermelin besetzt war, saß der König auf einem schlichten Thron, der dennoch sehr majestätisch aussah.

„Ah! Da haben wir ja einen Untertan!", rief der König, als er den kleinen Prinzen sah.

Und der kleine Prinz fragte sich: Wie kann er wissen, wer ich bin, wenn er mich noch nie gesehen hat?

Er wusste nicht, dass die Welt für Könige sehr einfach ist: Für sie sind alle Menschen Untertanen.

„Komm näher, damit ich dich besser sehen kann", sagte der König, der stolz darauf war, endlich ein richtiger König mit einem Untertan zu sein.

Der kleine Prinz sah sich nach einem Stuhl um. Aber der ganze Planet war mit dem prächtigen Hermelinmantel des Königs bedeckt. Also blieb er stehen und weil er müde war, musste er gähnen.

„An meinem Hof ist es nicht gestattet, in Gegenwart des Monarchen zu gähnen", sagte der König. „Ich verbiete es dir."

„Aber ich kann nicht anders." Der kleine Prinz war verwirrt. „Ich habe eine lange Reise hinter mir, ich habe nicht geschlafen …"

„Na gut", sagte der König, „dann befehle ich dir eben zu gähnen. Seit Jahren habe ich niemanden mehr gähnen sehen. Gähnen ist für mich eine Kuriosität. Also dann! Gähne weiter! Das ist ein Befehl!"

„Ihr schüchtert mich ein … Jetzt kann ich nicht mehr …" Der kleine Prinz wurde rot.

„Hm! Hm!", antwortete der König. „Dann befehle ich dir eben hiermit, manchmal zu gähnen und manchmal … manchmal …" Er kam ins Stottern und wirkte verärgert.

Der König war nämlich sehr darauf bedacht, dass seine Autorität respektiert wurde. Ungehorsam duldete er nicht. Er war ein Herrscher, der alle Macht für sich beanspruchte. Aber weil er ein guter König war, gab er vernünftige Befehle.

„Wenn ich einem General befehlen würde, sich in eine Möwe zu verwandeln", pflegte er zu sagen, „und der General mir nicht gehorchen würde, dann läge die Schuld nicht bei ihm. Es wäre allein meine Schuld."

„Darf ich mich setzen?", fragte der kleine Prinz schüchtern.

„Ich befehle dir, dich hinzusetzen", antwortete ihm der König und zog herrscherlich seinen Hermelinmantel näher zu sich heran.

Der kleine Prinz staunte: Der Planet des Königs war winzig. Worüber konnte er hier nur herrschen?

„Majestät", sagte er, „entschuldigt bitte, wenn ich Euch eine Frage stelle …"

„Ich befehle dir, mir eine Frage zu stellen", unterbrach ihn der König hastig.

„Majestät … worüber herrscht Ihr denn?"

„Über alles", antwortete der König kurz und knapp.

„Über alles?"

Mit vornehmer Geste zeigte der König auf seinen Planeten, die anderen Asteroiden und die Sterne.

„Über das alles?", fragte der kleine Prinz.

„Über das alles …", antwortete der König. Denn er war ein Herrscher, dessen Macht sich über das ganze Universum erstreckte.

„Dann gehorchen Euch die Sterne?"

„Aber natürlich", sagte der König. „Sie folgen mir aufs Wort. Ich dulde keinen Ungehorsam."

Der kleine Prinz war ganz entzückt. Wie groß die Macht des Königs war! Wenn er selbst so mächtig gewesen wäre, dann hätte er an ein und demselben Tag nicht vierundvierzig Mal, sondern zweiundsiebzig Mal, ja sogar hundert oder zweihundert Mal den Sonnenuntergang betrachten können, ohne ein einziges Mal den Stuhl zu verrücken! Ihm wurde etwas traurig zumute, weil er an seinen verlassenen kleinen Planeten denken musste.

Deshalb wagte er es, den König um einen Gefallen zu bitten: „Ich würde so gern einen Sonnenuntergang sehen … Könntet Ihr mir vielleicht die Freude machen? … Einfach der Sonne befehlen, dass sie untergehen soll?"

„Wenn ich einem General befehlen würde, wie ein Schmetterling von einer Blume zur anderen zu flattern oder eine Tragödie zu schreiben oder sich in eine Möwe zu verwandeln, und der General würde meinen Befehl nicht ausführen – wessen Schuld wäre das dann, seine oder meine?"

„Eure", sagte der kleine Prinz.

„Ganz genau. Man darf von jedem nur das verlangen, wozu er auch imstande ist", fuhr der König fort. „Autorität beruht zunächst einmal auf Vernunft. Wenn du deinem Volk befiehlst, sich ins Meer zu stürzen, zettelt es eine Revolution an. Das Recht auf Gehorsam steht mir zu, weil meine Befehle vernünftig sind."

„Und was ist mit meinem Sonnenuntergang?", erinnerte ihn der kleine Prinz, der niemals eine Frage vergaß, die er gestellt hatte.

„Du sollst deinen Sonnenuntergang haben. Ich werde es anordnen. Aber in meiner Herrscherweisheit werde ich abwarten, bis die Bedingungen dafür günstig sind."

„Und wann wird das sein?", fragte der kleine Prinz.

„Hm! Hm!", antwortete der König, der dafür zuerst in einem großen Kalender nachschauen musste. „Hm! Hm! Heute Abend … so ungefähr um … um zwanzig vor acht ist es so weit! Dann wirst du sehen, wie pünktlich meine Befehle befolgt werden."

Der kleine Prinz gähnte. So lange wollte er nicht warten. Ihm war schon jetzt langweilig. „Mich hält hier nichts mehr", sagte er zum König. „Ich muss weiter!"

„Geh nicht fort", entgegnete der König, der doch so stolz darauf war, einen Untertan zu haben. „Bleib! Ich mache dich zum Minister!"

„Und zu was für einem Minister?"

„Zum … zum Justizminister. Du wirst mein oberster Richter!"

„Aber es gibt hier doch niemanden, über den man richten könnte!"

„Das kann man nicht wissen", sagte der König. „Ich habe mein Königreich noch gar nicht umrundet. Ich bin sehr betagt. Für eine Kutsche ist nicht genug Platz und ein Fußmarsch ermüdet mich zu sehr."

„Augenblick, ich hab gleich alles gesehen", sagte der kleine Prinz und beugte sich vor, um einen Blick auf die andere Seite des Planeten zu werfen. „Da drüben gibt es auch niemanden …"

„Dann wirst du über dich selbst Recht sprechen müssen", antwortete der König. „Das ist am schwierigsten. Es ist viel schwieriger, über sich selbst zu urteilen als über einen anderen. Wenn es dir gelingt, über dich selbst richtig zu urteilen, dann bist du wahrhaft weise."

„Aber das kann ich doch überall machen", sagte der kleine Prinz. „Dafür muss ich doch nicht hierbleiben."

„Hm! Hm!", sagte der König. „Ich glaube, hier auf meinem Planeten gibt es irgendwo eine alte Ratte. Nachts kann ich sie rascheln hören. Du könntest über diese Ratte zu Gericht sitzen. Von Zeit zu Zeit verurteilst du sie zum Tode. Dann hängt ihr Leben von dir ab. Aber du begnadigst sie jedes Mal wieder, um dir die Strafe für später aufzusparen. Es gibt ja nur diese eine Ratte."

„Ich will aber niemanden zum Tode verurteilen", erwiderte der kleine Prinz. „Und ich muss jetzt wirklich weiter."

„Nein", sagte der König.

Der kleine Prinz hatte alles für seine Abreise vorbereitet. Aber er wollte den alten Monarchen nicht kränken. „Wenn Eure Majestät wünscht, dass ich Euch pünktlich Gehorsam leiste, dann könntet Ihr mir einen vernünftigen Befehl erteilen. Eure Majestät könnte mir zum Beispiel befehlen, binnen einer Minute von hier zu verschwinden. Mir scheint, dass die Bedingungen gerade günstig sind …"

Da der König nicht antwortete, zögerte der kleine Prinz etwas, bevor er sich mit einem Seufzer auf den Weg machte.

„Ich ernenne dich zu meinem Botschafter", rief ihm der König hastig hinterher. Dabei strahlte er große Autorität aus.

Erwachsene können seltsam sein, dachte der kleine Prinz, während er weiterreiste.

II

Auf dem zweiten Planeten wohnte ein eitler Fatzke.

„Ah! Ah! Hier kommt Besuch! Ein Bewunderer!",
rief der eitle Fatzke
schon von Weitem, als
er den kleinen Prinzen
bemerkte.

Denn für eitle Men-
schen sind alle anderen
ihre Bewunderer.

„Guten Tag", sagte
der kleine Prinz. „Sie
haben aber einen ko-
mischen Hut auf!"

„Der ist zum Grü-
ßen da", antwortete
ihm der Eitle. „Wenn
man mir zujubelt.
Leider kommt hier
nie jemand vorbei."

„Ach ja?", fragte der
kleine Prinz, der nicht
begriff, wovon der
andere sprach.

„Klatsch mal in die Hände", forderte der eitle Fatzke ihn auf.

Der kleine Prinz klatschte in die Hände. Der Eitle grüßte ihn in aller Bescheidenheit, indem er seinen Hut lüpfte.

Das hier macht mehr Spaß als beim König, dachte der kleine Prinz. Und er klatschte erneut in die Hände. Der eitle Fatzke grüßte ihn wieder, indem er seinen Hut lüpfte.

So ging es fünf Minuten lang. Dann fand der kleine Prinz dieses Spiel etwas eintönig.

„Und damit der Hut auf den Boden fällt", fragte er, „was muss man da machen?"

Aber der eitle Fatzke hörte ihn nicht. Eitle Menschen lauschen nur den Lobeshymnen, die ihnen gesungen werden.

„Bewunderst du mich auch wirklich sehr?", fragte er den kleinen Prinzen.

„Was heißt bewundern?"

„Mich bewundern heißt anzuerkennen, dass ich der schönste, eleganteste, reichste und klügste Mensch auf diesem Planeten bin."

„Aber du bist hier allein!"

„Tu mir doch den Gefallen. Bewundere mich trotzdem!"

„Ich bewundere dich", sagte der kleine Prinz achselzuckend. „Aber warum ist dir das so wichtig?"

Und dann war der kleine Prinz auch schon auf und davon.

Erwachsene können wirklich seltsam sein, dachte er, während er weiterreiste.

12

Auf dem nächsten Planeten wohnte ein Säufer. Der kleine Prinz blieb nicht lange bei ihm, aber der Besuch bedrückte ihn sehr.

„Was machst du da?", fragte er den Säufer, der schweigend vor einer Reihe voller und einer Reihe leerer Flaschen saß.

„Ich trinke", antwortete ihm der Säufer mit finsterer Miene.

„Warum trinkst du?", fragte der kleine Prinz.

„Um zu vergessen", antwortete der Säufer.

„Was vergessen?", fragte der kleine Prinz, dem er leidtat.

„Dass ich mich schäme", sagte der Säufer und ließ den Kopf hängen.

„Aber wofür denn?", fragte der kleine Prinz, der ihm gern helfen wollte.

„Für das Trinken", antwortete der Säufer und versank endgültig in sein Schweigen.

Der kleine Prinz verabschiedete sich.

Erwachsene können wirklich sehr seltsam sein, dachte er, während er weiterreiste.

13

Der vierte Planet war der des Geschäftsmanns. Der Mann war so beschäftigt, dass er bei der Ankunft des kleinen Prinzen nicht einmal den Kopf hob.

„Guten Tag", sagte der kleine Prinz. „Ihre Zigarette ist ausgegangen."

„Drei plus zwei macht fünf. Fünf plus sieben macht zwölf. Zwölf plus drei macht fünfzehn. Guten Tag. Fünfzehn plus sieben macht zweiundzwanzig. Zweiundzwanzig plus sechs macht achtundzwanzig. Keine Zeit, sie wieder anzuzünden. Sechsundzwanzig plus fünf macht einunddreißig. Uff! Das macht dann fünfhunderteine Million sechshundertzweiundzwanzigtausendsiebenhunderteinunddreißig."

„Fünfhundert Millionen von was?"

„Wie? Bist du immer noch da? Fünfhunderteine Million … ich weiß nicht mehr, von was … Ich bin viel zu beschäftigt! Bei mir herrscht der Ernst des Lebens, ich geb mich nicht mit Kinkerlitzchen ab! Zwei plus fünf macht sieben …"

„Fünfhunderteine Million von was?", fragte der kleine Prinz, der sein Leben lang darauf beharrte, Antworten auf seine Fragen zu bekommen, noch einmal.

Der Geschäftsmann hob den Kopf. „In den vierundfünfzig Jahren, die ich auf diesem Planeten wohne, bin ich erst drei Mal bei meiner Arbeit gestört worden. Das erste Mal vor zweiundzwanzig Jahren durch einen Maikäfer. Weiß der Himmel, wo er herkam. Er brummte so laut, dass ich mich vier Mal verrechnet habe. Das zweite Mal vor elf Jahren. Da hatte ich Rheuma. Mir fehlt Bewegung. Ich habe keine Zeit für Spaziergänge. Bei mir herrscht der Ernst des Lebens. Und das dritte Mal ist jetzt! Wo war ich stehengeblieben? Fünfhunderteine Million ...“

„Millionen von was?"

Der Geschäftsmann musste einsehen, dass der kleine Prinz keine Ruhe geben würde.

„Millionen dieser kleinen Dinger, die manchmal am Himmel auftauchen."

„Fliegen?"

„Nein. Kleine Dinger, die funkeln."

„Bienen?"

„Nein. Kleine goldene Dinger, bei denen Taugenichtse ins Schwärmen kommen. Aber bei mir herrscht der Ernst des Lebens! Ich hab keine Zeit für Schwärmereien."

„Ach so! Sterne?"

„Ganz genau. Sterne."

„Und was machst du mit fünfhundert Millionen Sternen?"

„Fünfhunderteine Million sechshundertzweiundzwanzigtausendsiebenhunderteinunddreißig. Bei mir herrscht der Ernst des Lebens. Ich zähle sie ganz genau."

„Und was machst du mit diesen Sternen?"

„Was ich damit mache?"

„Ja."

„Nichts. Ich besitze sie."

„Du besitzt die Sterne?"

„Ja."

„Aber ich habe einen König getroffen, der …"

„Könige besitzen überhaupt nichts. Sie herrschen. Das ist ein großer Unterschied."

„Und was hast du davon, dass du die Sterne besitzt?"

„Dann bin ich reich."

„Und was hast du davon, dass du reich bist?"

„Dann kann ich mir noch mehr Sterne kaufen, wenn neue entdeckt werden."

Das erinnert mich an meinen Säufer, dachte der kleine Prinz. Der hatte auch so eine Art zu denken.

Er fragte trotzdem weiter: „Wie kann man Sterne besitzen?"

„Haben sie denn jemandem gehört?", gab der Geschäftsmann mürrisch zurück.

„Keine Ahnung. Nein. Niemandem."

„Dann gehören sie mir, weil ich als Erster draufgekommen bin."

„Das reicht?"

„Aber natürlich. Wenn du einen Diamanten findest, der niemandem gehört, dann gehört er dir. Wenn du eine Insel entdeckst, die niemandem gehört, dann gehört sie dir. Oder du hast als Erster eine neue Idee. Dann lässt du sie dir patentieren und sie ist dein Eigentum. Und mir gehören die Sterne, weil vor mir noch niemand draufgekommen ist, dass man sie besitzen kann."

„Stimmt", sagte der kleine Prinz. „Und was machst du damit?"

„Ich verwalte sie. Ich zähle sie", sagte der Geschäfts-mann. „Und dann fange ich damit wieder von vorne an. Das ist eine schwierige Aufgabe. Bei mir herrscht der Ernst des Lebens!"

Der kleine Prinz war immer noch nicht zufrieden. „Also wenn ich einen Schal besitze, dann kann ich ihn um den Hals wickeln und hab was davon. Wenn ich eine Blume besitze, dann kann ich sie pflücken und hab auch was davon. Aber du kannst die Sterne doch nicht pflücken!"

„Nein, aber ich kann sie zur Bank bringen."

„Was heißt das?"

„Das heißt, dass ich die Zahl der Sterne, die mir gehören, auf einen Zettel schreibe. Und dann stecke ich diesen Zettel in eine Schublade und schließe die Schublade ab."

„Und das ist alles?"

„Das reicht doch!"

Das finde ich lustig, dachte der kleine Prinz. Es ist sogar fast poetisch. Aber ernst nehmen kann ich das nicht.

Der kleine Prinz hatte eine ganz eigene Vorstellung davon, was eine ernste Angelegenheit ist. Sie unterschied sich deutlich von der Vorstellung der Erwachsenen.

„Also ich", sagte er, „habe eine Blume, die ich jeden Tag gieße. Ich habe drei Vulkane, die ich jede Woche einmal ausfege. Ich fege nämlich auch den erloschenen

Vulkan aus. Man kann nie wissen. Meine Vulkane und meine Blume haben etwas davon, dass sie mir gehören. Aber die Sterne haben von dir gar nichts …"

Der Geschäftsmann öffnete den Mund, aber ihm fiel keine Antwort ein. Da machte sich der kleine Prinz wieder auf den Weg.

Erwachsene können wirklich sehr, sehr seltsam sein, dachte er, während er weiterreiste.

14

Der fünfte Planet war äußerst merkwürdig. Er war der kleinste von allen. Auf ihm hatten gerade mal eine Straßenlaterne und ein Laternenanzünder Platz. Der kleine Prinz konnte sich erst nicht erklären, wozu irgendwo am Himmel, auf einem Planeten ohne Haus und ohne Bewohner, eine Laterne und ein Laternenanzünder gut sein sollten.

Dann sagte er sich aber: Vielleicht ist der Laternenanzünder ein bisschen lächerlich. Aber er ist bei Weitem nicht so lächerlich wie der König, der eitle Fatzke, der Geschäftsmann und der Säufer. Seine Arbeit ist wenigstens sinnvoll. Wenn er seine Laterne anzündet, ist es, als ob er einen neuen Stern oder eine Blume aufleuchten lässt. Und wenn er sie löscht, dann schließen die Blume oder der Stern die Augen und schlafen ein. Das ist eine sehr hübsche Tätigkeit und was hübsch ist, kann nicht nutzlos sein.

Als er seinen Fuß auf den Planeten setzte, grüßte er den Laternenanzünder höflich. „Guten Tag. Warum hast du die Laterne gelöscht?"

„Weil es so Vorschrift ist", antwortete der Laternenanzünder. „Guten Morgen."

„Und wie lautet die Vorschrift?"

„Dass ich die Laterne löschen muss. Guten Abend." Er zündete sie wieder an.

„Aber warum hast du sie jetzt wieder angezündet?"

„Das ist so Vorschrift", antwortete der Laternenanzünder.

„Verstehe ich nicht", sagte der kleine Prinz.

„Da gibt es nichts zu verstehen", sagte der Laternenanzünder. „Vorschrift ist Vorschrift. Guten Morgen."

Und er löschte seine Laterne.

Dann wischte er sich mit einem rot karierten Taschentuch über die Stirn. „Schrecklicher Beruf, den ich da habe. Früher ging's ja noch. Am Morgen hab ich die Laterne gelöscht und am Abend hab ich sie angezündet. Da hatte ich den Rest des Tages, um mich auszuruhen, und den Rest der Nacht hab ich geschlafen."

„Und seither hat sich die Vorschrift geändert?"

„Die Vorschrift hat sich nicht geändert", sagte der Laternenanzünder. „Das ist es ja! Der Planet dreht sich von Jahr zu Jahr schneller und die Vorschrift ändert sich nicht."

„Und jetzt?", fragte der kleine Prinz.

„Jetzt haben wir eine Umdrehung pro Minute und ich komme gar nicht mehr zur Ruhe. Ich zünde die Laterne an und lösche sie gleich wieder. Alles in einer Minute."

„Wie lustig! Ein Tag dauert bei dir nur eine Minute!"

„Das ist überhaupt nicht lustig", sagte der Laternenanzünder. „Wir reden bereits seit einem Monat miteinander."

„Seit einem Monat?"

„Ja. Dreißig Minuten. Das sind dreißig Tage. Guten Abend."

Und er zündete seine Laterne wieder an.

Der kleine Prinz schaute ihm dabei zu. Er mochte diesen Laternenanzünder, der so gewissenhaft seinen Dienst tat. Ihm fielen die Sonnenuntergänge ein, für die er auf seinem Planeten mit dem Stuhl immer ein Stück weitergerückt war. Er wollte seinem neuen Freund helfen.

„Weißt du was? Ich hab eine Idee, wie du dich ausruhen kannst, wenn du willst."

„Und ob ich das will", sagte der Laternenanzünder. Denn wer pflichtbewusst ist, kann durchaus auch ein Faulpelz sein.

Der kleine Prinz erklärte ihm, wie er es anstellen musste: „Dein Planet ist so klein, dass du ihn mit drei großen Schritten umrundet hast. Du musst nur langsam genug gehen, dann kannst du immer in der Sonne bleiben. Wenn du dich ausruhen willst, gehst du einfach etwas … und der Tag dauert für dich so lang, wie du willst."

„Das hilft mir nicht groß weiter", sagte der Laternenanzünder. „Ich schlafe nämlich für mein Leben gern."

„Das ist Pech", sagte der kleine Prinz.

„Das ist Pech", sagte der Laternenanzünder. „Guten Morgen."

Und er löschte seine Laterne.

Den Laternenanzünder, dachte der kleine Prinz, während ihn seine Reise immer weiter fortführte, würden die anderen bestimmt verachten – der König, der eitle Fatzke, der Säufer und der Geschäftsmann. Dabei ist er der Einzige, den ich nicht lächerlich finde. Vielleicht weil er nicht nur mit sich selbst beschäftigt ist.

Er seufzte voller Bedauern und dachte: Der Laternenanzünder hätte als Einziger mein Freund werden können. Aber sein Planet ist wirklich zu klein. Für zwei ist darauf einfach nicht genug Platz …

Vor allem aber hatte es ihm der Planet wegen der eintausendvierhundertvierzig Sonnenuntergänge innerhalb von vierundzwanzig Stunden angetan. Doch das wollte sich der kleine Prinz nicht eingestehen.

15

Der sechste Planet war zehnmal so groß. Auf ihm wohnte ein alter Gelehrter, der ganz dicke Bücher schrieb.

„Schau mal einer an – ein Feldforscher!", rief er, als er den kleinen Prinzen sah.

Der kleine Prinz setzte sich bei ihm auf die Tischkante und verschnaufte erst einmal. Er war ja schon so weit gereist!

„Woher kommst du?", fragte ihn der Gelehrte.

„Was ist das für ein dickes Buch?", fragte der kleine Prinz. „Was machen Sie da?"

„Ich bin Geograf", sagte der Gelehrte.

„Was ist ein Geograf?"

„Das ist ein Gelehrter, der weiß, wo sich die Meere, Flüsse, Städte, Berge und Wüsten befinden."

„Das finde ich spannend", sagte der kleine Prinz. „Endlich mal ein richtiger Beruf!" Und er musterte den Planeten des Geografen. Noch nie hatte er einen so majestätischen Planeten gesehen.

„Wirklich ein schöner Planet, den Sie da haben. Gibt es darauf auch Ozeane?"

„Woher soll ich das wissen?", sagte der Geograf.

„Wie?" Der kleine Prinz war enttäuscht. „Und Berge?"

„Entzieht sich meiner Kenntnis", sagte der Geograf.

„Und Städte und Flüsse und Wüsten?"

„Entzieht sich ebenfalls meiner Kenntnis", sagte der Geograf.

„Aber Sie sind doch Geograf!"

„Stimmt", sagte der Geograf. „Aber ich bin kein Feldforscher. Solche Forscher fehlen mir hier schmerzlich. Ein Geograf geht ja nicht selbst los und zählt die Städte, Flüsse, Berge, Meere, Ozeane und Wüsten. Ein Geograf ist viel zu wichtig, um in der Welt umherzustreifen. Er verlässt seinen Schreibtisch nicht. Aber er empfängt die Feldforscher. Er befragt sie und schreibt auf, was sie ihm erzählen. Und falls etwas sein besonderes Interesse weckt, dann veranlasst der Geograf, dass die Moral des Forschers überprüft wird."

„Warum?"

„Weil ein Forscher, der lügt, in den Geografiebüchern ein großes Durcheinander anrichten würde. Genauso wie ein Forscher, der zu viel trinkt."

„Warum das?", fragte der kleine Prinz.

„Weil Betrunkene alles doppelt sehen. Und dann würde der Geograf womöglich zwei Berge verzeichnen, obwohl es nur einen gibt."

„Ich kenne einen, der wäre so ein schlechter Feldforscher", sagte der kleine Prinz.

„So was kommt vor. Aber wo war ich stehengeblieben? Wenn die Moral eines Forschers einwandfrei ist, dann wird seine Entdeckung genauer unter die Lupe genommen."

„Es wird vor Ort nachgeschaut?"

„Nein. Das wäre viel zu umständlich. Aber wir verlangen, dass der Forscher uns Beweise liefert. Wenn er zum Beispiel behauptet, dass er einen großen Berg entdeckt hat, muss er uns davon ein paar große Felsbrocken bringen."

Plötzlich kam Leben in den Geografen. „Aber sag mal, du kommst doch von weit her. Dann bist du ja ein Feldforscher! Beschreib mir deinen Planeten!"

Der Geograf schlug sein Verzeichnis auf und spitzte seinen Bleistift. Wissenschaftler notieren nämlich zuerst nur mit Bleistift, was ihnen erzählt wird. Mit der Tinte warten sie ab, bis Beweise geliefert werden.

„Also?", forderte der Geograf den kleinen Prinzen auf.

„Ach, bei mir", sagte der kleine Prinz, „da ist es nicht sehr interessant. Mein Planet ist ganz klein. Ich habe drei Vulkane, zwei sind noch tätig, einer ist erloschen. Aber man kann nie wissen."

„Man kann nie wissen", sagte der Geograf.

„Eine Blume habe ich auch."

„Blumen verzeichnen wir nicht", sagte der Geograf.

„Warum denn nicht? Die sind doch das Schönste!"

„Weil Blumen vergänglich sind."

„Was bedeutet vergänglich?"

„Geografiebücher", antwortete der Geograf, „sind von allen Büchern die wertvollsten. Denn sie veralten nie. Ein Berg verändert äußerst selten seinen Platz. Ein Ozean trocknet äußerst selten aus. Was wir aufschreiben, ist für die Ewigkeit."

„Aber ein erloschener Vulkan kann wieder tätig werden", unterbrach ihn der kleine Prinz. „Was bedeutet vergänglich?"

„Ob ein Vulkan tätig ist oder nicht, macht für uns keinen Unterschied", sagte der Geograf. „Für uns zählt nur, dass es ein Berg ist. Und der verändert sich nicht."

„Aber was bedeutet vergänglich?", wiederholte der

kleine Prinz, der sein Leben lang darauf beharrte, Antworten auf seine Fragen zu bekommen.

„Das bedeutet: von baldigem Verschwinden bedroht."

„Meine Blume ist von baldigem Verschwinden bedroht?"

„Natürlich."

Meine arme Blume ist vergänglich, dachte der kleine Prinz, und sie hat nur ihre vier Dornen, um sich gegen die Welt zu wehren! Und ich habe sie ganz allein zu Hause gelassen!

Da verspürte er zum ersten Mal ein Bedauern. Aber er fing sich gleich wieder. „Was können Sie mir denn als nächstes Reiseziel empfehlen?", fragte er.

„Einen Planeten namens Erde", antwortete der Geograf. „Er hat einen ausgezeichneten Ruf …"

Und der kleine Prinz machte sich auf den Weg, in Gedanken bei seiner Blume.

16

So kam es, dass der siebte Planet die Erde war.

Und die Erde ist nicht einfach irgendein Planet! Es gibt auf ihr hundertelf Könige (wenn man die afrikanischen Stammesführer mitrechnet), siebentausend Geografen, neunhunderttausend Geschäftsleute, siebeneinhalb Millionen Säufer, dreihundertelf Millionen eitle Fatzkes – kurz: ungefähr zwei Milliarden Erwachsene.

Um euch eine Vorstellung von der Größe der Erde zu geben, nur ein kleines Beispiel: Vor der Erfindung der Elektrizität benötigte man auf allen sechs Kontinenten eine Armee von insgesamt vierhundertzweiundsechzigtausendfünfhundertelf Laternenanzündern.

Aus einiger Entfernung betrachtet boten sie ein herrliches Spektakel! Die Laternenanzünder führten auf der Erde ein regelrechtes Ballett auf. Zuerst betraten die neuseeländischen und australischen Laternenanzünder die Bühne. Hatten sie ihre Laternen angezündet und sich schlafen gelegt, waren die chinesischen und sibirischen Laternenanzünder an der Reihe. Waren diese ebenfalls in den Kulissen verschwunden, hatten die Laternenanzünder in Russland und Indien ihren großen Auftritt. Dann die Laternenanzünder aus Afrika und Europa. Danach kamen die aus Südamerika. Dann die aus Nordamerika. Und kein einziges Mal geriet etwas durcheinander. Es war einfach großartig.

Nur der Laternenanzünder für die einzige Laterne am Nordpol und sein Kollege für die einzige Laterne am Südpol führten ein faules Leben: Sie hatten nur zweimal im Jahr etwas zu tun.

17

Wer besonders geistreich sein will, nimmt es mit der Wahrheit schon mal nicht so genau. Als ich euch gerade von den Laternenanzündern erzählt habe, war es so. Ich habe bewusst in Kauf genommen, dass alle, die unseren Planeten nicht kennen, sich davon jetzt möglicherweise ein falsches Bild machen. Die Menschen nehmen nämlich auf der Erde nur sehr wenig Platz ein. Wenn sich die über zwei Milliarden Bewohner der Erde wie bei einer großen Menschenansammlung dicht nebeneinanderstellen, dann hätten sie bequem auf einer Fläche von zwanzig mal zwanzig Meilen Platz. Die gesamte Menschheit könnte man so auf einer kleinen Pazifikinsel unterbringen.

Die Erwachsenen werden euch das natürlich nicht glauben. Sie bilden sich gern ein, dass sie ganz viel Platz brauchen. Sie halten sich für so groß und wichtig wie Affenbrotbäume. Schlagt ihnen vor, dass sie ruhig selbst nachrechnen können. Zahlen sind für sie doch das Größte. Es wird ihnen Spaß machen. Aber ihr braucht eure Zeit nicht damit zu vergeuden. Das ist nicht nötig. Ihr vertraut mir ja.

Der kleine Prinz staunte jedenfalls nicht wenig, als auf der Erde zunächst einmal keine Menschenseele zu

sehen war. Er befürchtete schon, sich im Planeten ge-
irrt zu haben, als sich im Sand ein mondfarbener Ring
zu regen begann.

„Gute Nacht", sagte der kleine Prinz aufs Geratewohl.

„Gute Nacht", sagte die Schlange.

„Auf welchem Planeten bin ich denn hier gelandet?", fragte der kleine Prinz.

„Auf der Erde, in Afrika", antwortete die Schlange.

„Aha! … Dann ist die Erde unbewohnt?"

„Hier ist die Wüste. In der Wüste lebt niemand",
sagte die Schlange. „Die Erde ist groß."

Der kleine Prinz setzte sich auf einen Stein und schaute zum Himmel hoch. „Ob wohl die Sterne leuchten,

damit jeder eines Tages zu seinem Stern zurückkehren kann?", fragte er. „Da! Mein Planet. Er steht genau über uns ... Aber wie weit weg er ist!"

„Er ist schön", sagte die Schlange. „Was treibt dich hierher?"

„Ach, so eine Sache mit einer Blume", sagte der kleine Prinz.

„Aha!", sagte die Schlange.

Und sie schwiegen beide.

„Wo sind denn die Menschen?", fragte der kleine Prinz nach einer Weile. „Hier in der Wüste ist es ein bisschen einsam."

„Einsam ist es bei den Menschen auch", sagte die Schlange.

Der kleine Prinz musterte die Schlange. „Du bist ein sonderbares Tier", sagte er schließlich, „nicht dicker als ein Finger, aber ..."

„Mächtiger als jeder Finger eines Königs allemal!"

Über das Gesicht des kleinen Prinzen huschte ein Lächeln. „Du und mächtig? Du hast noch nicht einmal Füße ... Du kannst gar nicht auf Reisen gehen."

„Ich kann dich weiter forttragen als ein Schiff", sagte die Schlange.

Sie ringelte sich wie ein goldener Reif um den Knöchel des kleinen Prinzen. „Wen ich berühre, den gebe ich der Erde zurück, von der er genommen ist", sagte sie. „Aber du bist rein, denn du kommst von einem Stern."

Der kleine Prinz antwortete nicht.

„Du flößt mir Mitleid ein, schwach, wie du bist, auf dieser Erde aus Granit. Ich kann dir helfen, falls eines Tages die Sehnsucht nach deinem Planeten in dir zu stark wird. Ich kann …"

„Oh! Ich habe sehr gut verstanden", sagte der kleine Prinz. „Aber warum sprichst du immer in Rätseln?"

„Ich löse alle Rätsel", sagte die Schlange.

Und sie schwiegen beide wieder.

18

Der kleine Prinz wanderte durch die Wüste und ihm begegnete nur eine einzige Blume. Eine Blume mit drei Blütenblättern, ganz unscheinbar.

„Guten Tag", sagte der kleine Prinz.

„Guten Tag", sagte die Blume.

„Wo sind denn hier die Menschen?", fragte der kleine Prinz höflich.

Die Blume hatte eines Tages eine Karawane vorbeiziehen sehen. „Die Menschen? Von denen gibt es vielleicht sechs oder sieben. Ich habe sie vor vielen Jahren einmal gesehen. Aber man weiß nie, wo sie zu finden sind. Der Wind treibt sie vor sich her. Ihnen fehlen die Wurzeln, den Armen."

„Lebe wohl", sagte der kleine Prinz.

„Lebe wohl", sagte die Blume.

19

Der kleine Prinz bestieg einen hohen Berg. Die einzigen Berge, die er bisher gekannt hatte, waren seine drei Vulkane, die ihm nur bis zum Knie reichten. Den erloschenen Vulkan benutzte er als Schemel. Von einem so hohen Berg, dachte er, kann ich bestimmt die ganze Erde und alle Menschen sehen … Aber er sah nichts als spitze Felsnadeln.

„Hallo", rief er aufs Geratewohl.

„Hallo … allo … allo …", antwortete das Echo.

„Wer seid ihr?", fragte der kleine Prinz.

„Seid ihr … ihr … ihr …", antwortete das Echo.

„Wollen wir Freunde werden?", rief der kleine Prinz. „Ich fühle mich so allein."

„So allein … ein … ein …", antwortete das Echo.

Was für ein seltsamer Planet!, dachte er. Vertrocknet und verdorrt, spitzzackig, salzig. Und die Menschen haben keine Fantasie. Sie wiederholen nur, was man ihnen sagt ... Bei meiner Blume war das ganz anders: Sie hat immer zuerst geredet ...

20

Dann aber entdeckte der kleine Prinz, nachdem er lange durch Sand, Geröll und Schnee gestapft war, eine Straße. Und Straßen führen immer zu Menschen.

„Guten Tag", sagte er.

Er stand mitten in einem Rosengarten.

„Guten Tag", sagten die Rosen.

Der kleine Prinz schaute sie erstaunt an. Sie glichen alle seiner Blume. „Wer seid ihr?", fragte er.

„Wir sind Rosen", sagten die Rosen.

„Oh!", rief der kleine Prinz.

Ihm wurde ganz traurig zumute. Seine Blume hatte ihm erzählt, eine wie sie gäbe es im Universum nur ein einziges Mal. Und jetzt blühten in einem Garten ungefähr fünftausend von ihrer Art!

Da wäre sie ganz schön verärgert, wenn sie das zu sehen bekäme, dachte er. Sie würde mächtig hüsteln und einen Erstickungsanfall vortäuschen, um von ihrer Blamage abzulenken. Und ich müsste so tun, als würde ich ihr zu Hilfe eilen. Sonst würde sie mir am Ende noch wirklich sterben, nur um mir ein schlechtes Gewissen zu machen …

Und danach dachte er noch: Ich habe mich reich gefühlt, weil ich sie für eine besondere Blume gehalten habe, die es nur ein einziges Mal gibt … Dabei ist sie eine ganz gewöhnliche Rose. Und dann noch die Geschichte mit meinen drei Vulkanen, die mir nur bis zum Knie reichen und von denen einer wahrscheinlich für immer erloschen ist. Das alles macht aus mir wahrlich keinen großen Prinzen …

Und er warf sich ins Gras und weinte.

21

Da tauchte auf einmal der Fuchs auf.

„Guten Tag", sagte der Fuchs.

„Guten Tag", antwortete der kleine Prinz höflich. Er drehte sich um, aber er konnte niemanden sehen.

„Ich bin hier", sagte die Stimme. „Unter dem Apfelbaum."

„Wer bist du?", fragte der kleine Prinz. „Du siehst aber hübsch aus."

„Ich bin ein Fuchs", sagte der Fuchs.

„Willst du mit mir spielen?", fragte ihn der kleine Prinz. „Ich bin gerade traurig."

„Ich kann nicht mit dir spielen", sagte der Fuchs. „Ich bin nicht gezähmt."

„Oh! Entschuldigung", sagte der kleine Prinz.

Er dachte eine Weile nach. Dann fragte er: „Was bedeutet zähmen?"

„Du bist wohl nicht von hier", sagte der Fuchs. „Suchst du was?"

„Menschen! Ich suche die Menschen", sagte der kleine Prinz. „Was bedeutet zähmen?"

„Die Menschen haben Gewehre und damit gehen sie auf die Jagd", sagte der Fuchs. „Sehr ärgerliche Sache! Außerdem halten sie Hühner. Was anderes interessiert sie nicht. Suchst du Hühner?"

„Nein", sagte der kleine Prinz. „Ich suche Freunde. Was bedeutet zähmen?"

„Etwas, das heutzutage in Vergessenheit geraten ist", sagte der Fuchs. „Es bedeutet: ein Band knüpfen …"

„Ein Band knüpfen?"

„Ja", sagte der Fuchs. „Du bist für mich nur ein kleiner Junge, wie es auf der Welt Hunderttausende kleine Jungs gibt. Ich brauche dich nicht. Und du brauchst mich auch nicht. Ich bin für dich nur ein Fuchs, wie es auf der Welt Hunderttausende Füchse gibt. Aber wenn du mich zähmst, brauchen wir einander. Dann gibt es dich für mich nur ein einziges Mal auf der Welt. Und mich gibt es für dich dann auch nur ein einziges Mal auf der Welt …"

„Allmählich begreife ich", sagte der kleine Prinz. „Ich kenne da eine Blume … Ich glaube, sie hat mich gezähmt."

„Kann vorkommen", sagte der Fuchs. „Auf der Erde passiert ja alles Mögliche."

„Aber es war nicht auf der Erde", sagte der kleine Prinz.

Der Fuchs wurde plötzlich neugierig. „Auf einem anderen Planeten?"

„Ja."

„Und gibt es da auch Jäger?"

„Nein."

„Wie interessant! Und Hühner?"

„Nein."

„Nichts ist vollkommen", seufzte der Fuchs.

Dann kam er wieder auf seine vorherigen Ausführungen zurück: „Mein Leben ist eintönig. Ich jage die Hühner, die Menschen jagen mich. Ein Huhn gleicht dem anderen, ein Mensch gleicht dem anderen. Alles ziemlich langweilig. Aber wenn du mich zähmst, dann wird mein Leben wie von einem Lichtstrahl erhellt sein. Ich werde das Geräusch deiner Schritte wiedererkennen, das anders klingt als das aller anderen Schritte. Sonst verstecke ich mich immer unter der Erde, wenn sich jemand nähert. Deine Schritte aber werden mich aus meinem Bau hervorlocken wie die schönste Melodie. Und guck dich hier mal um! Siehst du die Weizenfelder da hinten? Brot esse ich nicht. Weizen ist für mich so was von überflüssig. Weizenfelder sagen mir überhaupt nichts. Ist doch traurig, oder? Aber du, du hast goldenes Haar. Es wird ganz wunderbar sein, wenn du mich gezähmt hast! Der Weizen, der golden schimmert, wird mich an dich erinnern. Und ich werde es lieben, wenn der Wind durch die Ähren streicht …"

Der Fuchs verstummte und schaute den kleinen Prinzen lange an. „Bitte … zähme mich!", sagte er dann.

„Möchte ich ja gerne", antwortete der kleine Prinz, „aber ich hab leider nur wenig Zeit. Ich will Freunde finden und die Welt kennenlernen."

„Man kennt nur, was man zähmt", sagte der Fuchs. „Die Menschen haben keine Zeit mehr, um die Dinge richtig kennenzulernen. Sie kaufen alles fix und fertig im Laden. Und weil es keine Geschäfte gibt, wo man Freunde kaufen kann, haben die Menschen auch keine Freunde mehr. Wenn du einen Freund haben möchtest, dann zähme mich!"

„Und was muss ich da tun?", fragte der kleine Prinz.

„Vor allem brauchst du viel Geduld", antwortete der Fuchs. „Zuerst setzt du dich neben mich ins Gras. Aber nicht zu nah. Ich werde dich aus dem Augenwinkel beobachten und du wirst nichts sagen. Durch das

Reden entstehen so viele Missverständnisse. Jeden Tag rückst du dann etwas näher …"

Am nächsten Tag kam der kleine Prinz wieder.

„Es wäre besser gewesen, wenn du genau zur selben Zeit wiedergekommen wärst", sagte der Fuchs. „Wenn du zum Beispiel jeden Tag um vier Uhr nachmittags kommst, dann fang ich schon um drei Uhr damit an, glücklich zu sein. Und je weiter die Zeit vorrückt, desto glücklicher bin ich. Um vier Uhr bin ich dann ganz unruhig: Jetzt ist es gleich so weit! Ängstlich warte ich auf dich. Auch das Glück hat nämlich seinen Preis. Aber wenn du immer einfach irgendwann kommst, dann weiß ich nie, wann ich mein Herz darauf einstimmen soll … Man braucht Rituale."

„Was ist ein Ritual?", fragte der kleine Prinz.

„Das ist auch so etwas, das heutzutage in Vergessenheit geraten ist", sagte der Fuchs. „Ein Ritual ist etwas, das einen Tag von anderen Tagen unterscheidet, eine Stunde von anderen Stunden. Nimm zum Beispiel meine Jäger. Am Donnerstag gehen sie immer mit den Mädchen aus dem Dorf zum Tanzen. Deshalb ist der Donnerstag für mich der schönste Tag der Woche! Da kann ich nach Lust und Laune zu den Hühnerställen spazieren. Wenn die Jäger an irgendeinem beliebigen Wochentag tanzen gehen würden, dann wäre ein Tag wie jeder andere und ich könnte mich nie frei bewegen!"

So zähmte der kleine Prinz den Fuchs.

Als dann die Stunde des Abschieds nahte, rief der Fuchs: „O weh! Jetzt muss ich gleich weinen."

„Selber schuld", sagte der kleine Prinz. „Ich hab dir nicht wehtun wollen. Aber du hast darauf bestanden, dass ich dich zähme …"

„Natürlich hab ich das", sagte der Fuchs.

„Und jetzt kommen dir die Tränen", sagte der kleine Prinz.

„Natürlich kommen sie mir", sagte der Fuchs.

„Was hast du dann davon? Nichts!"

„Natürlich hab ich was davon", sagte der Fuchs. „Denk an die Farbe der Weizenfelder."

Und danach sagte er zum kleinen Prinzen: „Geh noch einmal zu den Rosen. Du wirst sehen, dass deine Rose einzigartig ist. Dann komm noch einmal zu mir. Ich werde dir ein Geheimnis verraten. Das ist mein Abschiedsgeschenk."

Der kleine Prinz ging, um noch einmal die Rosen zu besuchen.

„Ihr habt überhaupt keine Ähnlichkeit mit meiner Rose. Aus euch ist noch gar nichts geworden", sagte er zu ihnen. „Keiner hat euch gezähmt und ihr habt auch noch niemanden gezähmt. Mit euch ist es genauso wie mit dem Fuchs. Zuerst war er einfach wie hunderttausend andere. Aber jetzt ist er mein Freund und deshalb ist er einzigartig auf der Welt."

Die Rosen schämten sich.

„Ihr seid schön, aber nichtssagend", redete er weiter. „Für euch würde keiner sterben. Irgend so ein Spaziergänger würde natürlich glauben, dass meine Rose nicht anders ist als ihr. Aber sie ist wichtiger als ihr alle miteinander. Weil ich sie täglich gegossen habe. Und nachts habe ich sie unter eine Glasglocke gestellt. Und ich habe sie vor Zugluft geschützt. Und die Raupen habe ich für sie auch alle umgebracht, bis auf zwei oder drei, damit

aus ihnen Schmetterlinge werden konnten. Ich habe ihr zugehört, wenn sie sich beklagt und wenn sie mit etwas geprahlt hat. Sogar wenn sie geschwiegen hat, habe ich ihr zugehört. Sie ist für mich wichtiger als ihr alle, weil sie meine Rose ist."

Dann kehrte er zum Fuchs zurück.

„Lebe wohl", sagte er.

„Lebe wohl", sagte der Fuchs. „Hier mein Geheimnis. Es ist ganz einfach: Man sieht nur mit dem Herzen gut. Worauf es ankommt, ist für die Augen unsichtbar."

„Worauf es ankommt, ist für die Augen unsichtbar", wiederholte der kleine Prinz, um es sich zu merken.

„Deine Rose bedeutet dir deshalb so viel, weil du so viel Zeit mit ihr verloren hast."

„Meine Rose bedeutet mir deshalb so viel, weil ich so viel Zeit mit ihr verloren habe", sagte der kleine Prinz, um es sich zu merken.

„Die Menschen heutzutage vergessen das gerne", sagte der Fuchs. „Sie wollen nämlich keine Zeit verlieren. Aber du darfst diese Wahrheit nie vergessen. Und denk daran: Du bist für immer für das verantwortlich, was du gezähmt hast. Du bist für deine Rose verantwortlich …"

„Ich bin für meine Rose verantwortlich …", wiederholte der kleine Prinz, um es sich zu merken.

22

„Guten Tag", sagte der kleine Prinz.

„Guten Tag", sagte der Weichenwärter.

„Was machst du denn da?", fragte der kleine Prinz.

„Ich sortiere die Reisenden", sagte der Weichenwärter. „Pro Lieferung tausend Stück. Ich schicke die
Züge, in denen sie sitzen, mal nach rechts und mal
nach links."

Ein Donnergrollen sauste vorbei. Der hell erleuchtete
Schnellzug ließ das Weichenwärterhäuschen erzittern.

„Die haben's ganz schön eilig", sagte der kleine
Prinz. „Was suchen sie?"

„Das weiß nicht mal der Lokomotivführer", sagte
der Weichenwärter.

In umgekehrter Richtung donnerte ein zweiter
Schnellzug vorbei.

„Kommen sie schon zurück?", fragte der kleine
Prinz.

„Das sind nicht dieselben", sagte der Weichenwärter.
„Es ist ein ständiger Tausch. Mal kommen sie von da,
mal von dort."

„Waren sie denn nicht zufrieden, da wo sie waren?"

„Man ist nie zufrieden, da wo man gerade ist", sagte
der Weichenwärter.

Das Donnern eines dritten hell erleuchteten Schnellzugs war zu hören.

„Ist das eine Verfolgungsjagd?", fragte der kleine Prinz.

„Die da drinnen verfolgen gar nichts. Sie schlafen oder gähnen. Nur die Kinder pressen die Nase gegen die Scheibe."

„Nur die Kinder wissen immer, was sie wollen", sagte der kleine Prinz. „Sie verlieren ihre Zeit an eine Puppe aus Stoffresten, die ihnen dann sehr viel bedeutet. Und wenn man sie ihnen wegnimmt, weinen sie …"

„Ja, die haben es gut", sagte der Weichenwärter.

23

„Guten Tag", sagte der kleine Prinz.

„Guten Tag", sagte der Straßenhändler.

Er verkaufte Pillen, die den Durst stillen. Man schluckt davon eine pro Woche und hat keinen Durst mehr.

„Warum verkaufst du das?", fragte der kleine Prinz.

„Damit kann man viel Zeit sparen", sagte der Straßenhändler. „Fachleute haben das ausgerechnet. In der Woche ergibt es ganze dreiundfünfzig Minuten."

„Und was fängt man dann mit diesen dreiundfünfzig Minuten an?"

„Jeder kann damit machen, was er will."

Also wenn ich dreiundfünfzig Minuten übrig hätte, dachte der kleine Prinz, würde ich zu einem Brunnen spazieren …

24

Es war der achte Tag meiner Bruchlandung in der Wüste. Während ich der Geschichte vom Straßenhändler zuhörte, hatte ich den letzten Tropfen meines Wasservorrats getrunken.

„Alles gut und schön mit deinen Erinnerungen", sagte ich zum kleinen Prinzen. „Aber ich habe mein Flugzeug noch nicht repariert, wir haben nichts mehr zu trinken und das kann ich dir sagen: Ich wäre überglücklich, wenn ich jetzt zu einem Brunnen spazieren könnte!"

„Mein Freund, der Fuchs …", begann er.

„Kleiner Kerl! Dein Fuchs spielt jetzt keine Rolle mehr!"

„Warum?"

„Weil wir hier verdursten werden …"

Er verstand mich nicht und antwortete: „Es ist gut, einen Freund zu haben, auch wenn man sterben muss. Ich bin froh, dass ich den Fuchs zum Freund hatte."

Er begreift nicht, wie bedrohlich die Lage ist, dachte ich. Hunger oder Durst kennt er nicht. Etwas Sonne reicht ihm.

Aber der kleine Prinz schaute mich an – und dann antwortete er mir: „Ich habe auch Durst … Lass uns einen Brunnen suchen …"

Ich winkte müde ab. Es ist sinnlos, in der endlosen Weite der Wüste auf gut Glück nach einem Brunnen zu suchen. Trotzdem brachen wir auf.

Stunde um Stunde gingen wir schweigend nebeneinander her. Dann wurde es Nacht und die Sterne leuchteten am Himmel. Ich nahm sie wie im Traum wahr, weil ich Fieber hatte, so groß war mein Durst. Die Worte des kleinen Prinzen tanzten mir durch den Kopf.

„Du hast also auch Durst?", fragte ich ihn.

Aber er antwortete nicht. Er sagte nur: „Wasser sättigt auch das Herz …"

Ich begriff nicht, was er damit sagen wollte, aber ich schwieg. Ich wusste inzwischen, dass man ihm nicht zu viele Fragen stellen durfte.

Der kleine Prinz war müde. Er setzte sich hin und ich setzte mich neben ihn. Nach einer Weile sagte er: „Die Sterne sind schön, weil sie an eine Blume erinnern, die unsichtbar ist …"

Ich antwortete darauf mit „Ja" und starrte wortlos auf die Sanddünen im Mondschein.

„Auch die Wüste ist schön", sagte er.

Und er hatte recht. Ich habe die Wüste immer geliebt. Man setzt sich auf eine Sanddüne. Man sieht nichts, man hört nichts, aber in der Stille ist etwas spürbar, ein geheimnisvolles Leuchten …

„Das Schöne an der Wüste ist", sagte der kleine

Prinz, „dass sich in ihr immer irgendwo ein Brunnen verbirgt."

Und da begriff ich auf einmal, warum der Sand so geheimnisvoll leuchtete. Als kleiner Junge wohnte ich in einem alten Haus, von dem man sich erzählte, dass dort ein Schatz vergraben sei. Keiner hat ihn jemals gefunden, vielleicht ist auch nie danach gesucht worden. Aber der Schatz hat das ganze Haus verzaubert. Tief in seinem Herzen war ein Geheimnis verborgen …

„Ja", sagte ich zum kleinen Prinzen. „Ob ein Haus, die Sterne oder die Wüste … was ihre Schönheit ausmacht, ist unsichtbar!"

„Es freut mich", sagte er, „dass du derselben Meinung bist wie mein Fuchs."

Weil dem kleinen Prinzen vor Müdigkeit die Augen zufielen, nahm ich ihn auf den Arm und wanderte so mit ihm weiter. Mich durchströmte ein seltsames Glücksgefühl. Mir war, als würde ich einen kostbaren, zerbrechlichen Schatz tragen. Ja, als gäbe es auf der Erde nichts Kostbareres und Zerbrechlicheres. Ich betrachtete im Mondlicht das blasse Gesicht, die geschlossenen Augen, die vom Wind bewegten Haare des kleinen Prinzen und dachte: Was ich hier sehe, ist nur die Hülle. Worauf es ankommt, das ist unsichtbar …

Und als über seine halb geöffneten Lippen ein Lächeln huschte, dachte ich noch: Was mich an diesem eingeschlafenen kleinen Prinzen so rührt, ist seine

Treue zu einer Blume. Sogar wenn er schläft, leuchtet ihr Bild in ihm wie die Flamme in einer kleinen Laterne ... Und er wirkte auf mich noch verletzlicher. Man muss auf eine Flamme gut aufpassen, schon ein leichter Windstoß kann sie ausblasen.

So wanderte ich weiter – und bei Tagesanbruch entdeckte ich den Brunnen.

25

„Die Menschen", sagte der kleine Prinz, „steigen in Schnellzüge, aber sie haben vergessen, wonach sie eigentlich suchen. Deshalb sind sie auch so rastlos und drehen sich im Kreis."

Nach einer Weile fügte er hinzu: „Wie sinnlos."

Der Brunnen, zu dem wir gelangt waren, sah nicht wie die gewöhnlichen Brunnen in der Sahara aus. Brunnen sind dort nur in den Sand gegrabene Löcher. Unser Brunnen glich einem Dorfbrunnen. Aber weit und breit war kein Dorf. Darum glaubte ich zu träumen.

„Merkwürdig", sagte ich zum kleinen Prinzen. „Hier ist alles für uns bereit: die Seilwinde, der Eimer, das Seil …"

Er lachte, ergriff das Seil, gab der Seilwinde einen Schubser. Sie ächzte wie eine alte Wetterfahne, wenn zu lange kein Wind mehr geweht hat.

„Hörst du?", sagte der kleine Prinz. „Wir wecken den Brunnen und er fängt an zu singen."

Ich wollte nicht, dass er sich anstrengte. „Lass mich das machen", sagte ich. „Das ist für dich zu schwer."

Langsam zog ich den Eimer bis zum Brunnenrand hoch und setzte ihn vorsichtig darauf ab. In meinen

Ohren tönte der Gesang der Seilrolle. Auf dem Wasser, das noch leise zitterte, sah ich die Sonne zittern.

„Ich habe Durst", sagte der kleine Prinz. „Gib mir von dem Wasser …"

Da begriff ich, wonach er die ganze Zeit gesucht hatte.

Ich hob ihm den Eimer an die Lippen. Er trank mit geschlossenen Augen. Zärtlich und feierlich. Dieses Wasser war viel mehr als nur Wasser. Unsere gemeinsame Wanderung unter dem Sternenhimmel, der Gesang der Seilwinde, die Anstrengung meiner Arme, das

alles war ihm vorausgegangen. Dieses Wasser stillte den Durst des Herzens. Es war eine Gabe, ein Geschenk. Als ich noch ein kleiner Junge war, erging es mir zu Weihnachten auch immer so. Da verliehen die Lichter am Tannenbaum, die Lieder der Christmette, das zärtliche Lächeln auf den Gesichtern den Geschenken einen ganz besonderen Glanz.

„Die Menschen auf deinem Planeten züchten fünftausend Rosen in einem Garten", sagte der kleine Prinz. „Aber sie finden dort nicht, wonach sie suchen …"

„Nein", sagte ich.

„Wo man es doch leicht in einer einzigen Rose oder einem einzigen Schluck Wasser finden kann."

„Ja", sagte ich.

Und dann sagte der kleine Prinz: „Aber die Augen sind blind. Man muss mit dem Herzen suchen."

Ich hatte auch von dem Wasser getrunken. Mein Atem ging frei und leicht. Bei Sonnenaufgang hat der Sand in der Wüste die Farbe von Honig. Ich war glücklich über diese Honigfarbe. Warum war mir trotzdem bang ums Herz?

„Du musst noch dein Versprechen einlösen", sagte der kleine Prinz sanft. Er hatte sich wieder neben mich gesetzt.

„Welches Versprechen?"

„Du weißt schon, der Maulkorb für mein Schaf. Damit ich meine Blume schützen kann."

Ich zog meine Skizzen aus der Hosentasche.

Als der kleine Prinz die Zeichnungen sah, lachte er und sagte: „Deine Baobabs erinnern mich an Kohlköpfe!"

„Was?" Ich war so stolz auf meine Affenbrotbäume gewesen!

„Und dein Fuchs, mit diesen Ohren. Sie erinnern ein bisschen an Hörner und außerdem sind sie viel zu lang!"

Er lachte wieder.

„Du bist ungerecht, kleiner Kerl. Ich habe bisher nur Boas von außen und von innen gezeichnet."

„Mach dir nichts draus", sagte er. „Die Kinder erkennen es schon."

Also habe ich einen Maulkorb gezeichnet. Als ich ihn dem kleinen Prinz gab, war mir noch banger ums Herz. „Was hast du vor? Du verschweigst mir doch etwas …"

Aber er antwortete darauf nicht und sagte nur: „Weißt du, meine Landung auf der Erde … Morgen ist es ein Jahr her …"

Und nach einer Weile sagte er: „Das war hier ganz in der Nähe …" Er wurde rot.

Und wieder befiel mich eine seltsame Traurigkeit, ohne dass ich hätte sagen können, warum. Da kam es mir auf einmal: „Dann war es kein Zufall, dass du dich an dem Morgen vor acht Tagen, als ich dich getroffen habe, hier rumgetrieben hast, ganz allein und viele, viele Meilen von jeder bewohnten Gegend entfernt! Du bist an den Ort zurückgekehrt, wo du damals gelandet bist?"

Der kleine Prinz wurde wieder rot.

Und behutsam fragte ich: „Ist es vielleicht … wegen des Jahrestags?"

Der kleine Prinz errötete wieder. Wie immer antwortete er auf meine Fragen nicht. Aber wenn man errötet, dann heißt das doch „Ja", oder?

„Ach", seufzte ich. „Ich habe Angst …"

Aber er sagte darauf nur: „Mach dich jetzt an die Arbeit. Geh zu deiner Maschine zurück. Ich warte hier auf dich. Komm morgen Abend wieder …"

Das beruhigte mich ganz und gar nicht. Ich dachte an den Fuchs. Wenn ein Band geknüpft worden ist, denn das bedeutet es ja, wenn man sich zähmen lässt, dann ist die Gefahr groß, dass man früher oder später weinen muss …

26

Neben dem Brunnen waren die Überreste einer alten Steinmauer. Als ich am nächsten Abend zurückkehrte – meine Arbeit war getan –, sah ich bereits von Weitem, dass der kleine Prinz darauf saß und die Beine baumeln ließ.

Und ich hörte ihn auch reden. „Erinnerst du dich nicht mehr?", fragte er. „Hier ganz in der Nähe!"

Eine andere Stimme musste ihm darauf etwas geantwortet haben, denn er erwiderte: „Doch! Doch! Genau an diesem Tag, nur nicht genau an diesem Ort …"

Ich steuerte weiter auf die Mauer zu. Außer dem kleinen Prinzen war niemand zu sehen oder zu hören.

Er erwiderte gerade: „… aber natürlich. Du siehst doch, wo meine Spur im Sand anfängt. Da wartest du dann auf mich. Ich werde heute Nacht dort sein."

Noch zwanzig Meter bis zur Mauer, aber ich sah immer noch nichts.

Der kleine Prinz fragte: „Ist dein Gift auch gut? Bist du sicher, dass ich nicht lange leiden muss?"

Ich blieb stehen. Wieder wurde mir ganz bang ums Herz. Aber ich begriff immer noch nicht.

„Und jetzt verschwinde", sagte er. „Ich will hier wieder runter!"

Da blickte ich nach unten, zum Fuß der Mauer, und zuckte zusammen. Eine Schlange. Eine von den gelben, die euch in dreißig Sekunden erledigen können. Sie hatte ihren Kopf zum kleinen Prinzen hochgerichtet.

Ich wühlte in meiner Tasche nach meinem Revolver und rannte los. Der plötzliche Lärm veranlasste die Schlange, sachte in den Sand zurückzugleiten, wie wenn ein Wasserstrahl versiegt. Ohne große Hast schlängelte sie mit einem metallischen Zischeln zwischen den Steinen hindurch und verschwand.

Ich kam gerade rechtzeitig bei der Mauer an, um meinen kleinen Prinzen mit den Armen aufzufangen. Er war schneeweiß im Gesicht.

„Was machst du denn da? Unterhältst du dich jetzt mit Schlangen?"

Ich lockerte ihm den goldenen Schal, kühlte ihm die Schläfen mit Wasser und gab ihm zu trinken. Ich traute mich nicht, ihm weitere Fragen zu stellen. Traurig und ernst schaute er mich an und schlang seine Arme um meinen Hals. Ich spürte sein Herz schlagen. Es schlug wie das Herz eines Vogels, der gleich sterben wird.

Er sagte zu mir: „Ich bin froh, dass du herausgefunden hast, was bei deinem Flugzeug nicht in Ordnung war. Jetzt kannst du nach Hause …"

„Woher weißt du das?"

Gerade hatte ich ihm berichten wollen, dass mir die Reparatur wider Erwarten noch geglückt war.

Er antwortete auf meine Frage nicht, sondern fuhr fort: „Auch ich kehre heute nach Hause zurück …"

Und dann, traurig: „Aber der Weg ist viel weiter … und es ist viel schwieriger …"

Ich spürte, dass etwas Außergewöhnliches geschah. Ich hielt ihn wie ein kleines Kind im Arm und trotzdem schien es mir, als würde er in freiem Fall in einen Abgrund stürzen, ohne dass ich ihn zurückhalten konnte …

Mit ernstem Blick schaute er in die Ferne. „Ich habe dein Schaf. Und ich habe die Kiste für das Schaf. Und ich habe den Maulkorb für das Schaf." Er lächelte traurig.

Ich wartete eine ganze Weile. Ich spürte, wie ihm

allmählich wärmer wurde. „Mein kleiner Kerl, du hast große Angst gehabt!"

Ja, ganz gewiss hatte er große Angst ausstehen müssen! Aber er lachte nur sanft und leise. „Heute Abend werde ich noch viel mehr Angst haben …"

Wieder streifte mich die Ahnung, dass hier bald etwas Unwiderrufliches geschehen würde. Mich fror. Und ich begriff, wie unerträglich für mich die Vorstellung war, nie wieder dieses Lachen zu hören. Mein Brunnen in der Wüste, das war für mich das Lachen des kleinen Prinzen.

„Mein kleiner Kerl, ich will dich doch noch lachen hören …"

Aber er sagte: „Heute Nacht ist es ein Jahr her. Mein Stern wird wieder genau über dem Ort stehen, an dem ich damals gelandet bin."

„Mein kleiner Kerl, bitte sag mir, dass das alles nur ein böser Traum ist, die Geschichte mit der Schlange und der Verabredung und dem Stern …"

Aber er antwortete auf meine Frage nicht. Er sagte: „Worauf es ankommt, das kann man nicht sehen …"

„Natürlich …"

„So wie bei der Blume. Wenn du eine Blume liebst, die auf einem Stern wohnt, dann ist es schön, in der Nacht zum Himmel hochzuschauen. Auf allen Sternen wohnt dann eine Blume."

„Natürlich …"

„Und wie beim Wasser. Das Wasser, das du mir zu trinken gegeben hast, war wie Musik. Erinnerst du dich noch an die Seilwinde und das Seil? Und wie gut das Wasser war …“

„Natürlich …“

„Nachts wirst du zu den Sternen hochschauen. Mein Stern ist viel zu klein, um ihn dir von hier zeigen zu  können. Aber das ist besser so. Mein Stern wird für dich einer von vielen Sternen sein. Du wirst alle Sterne mit Freude anschauen … Sie werden alle deine Freunde sein … Außerdem habe ich noch ein Geschenk für dich.“

Er lachte wieder.

„Ach, mein kleiner Kerl, mein kleiner Kerl, ich liebe dein Lachen so sehr!“

„Genau das ist mein Geschenk für dich … Es wird so sein wie mit dem Wasser …“

„Wie meinst du das?“

„Die Sterne bedeuten für alle etwas anderes. Den Reisenden weisen sie den Weg. Für manche sind sie bloß kleine, blinkende Lichter. Den Gelehrten werfen sie viele Fragen auf. Der Geschäftsmann hat in ihnen pures Gold gesehen. Aber all diese Sterne schweigen. Nur solche Sterne wie du, die wird keiner haben …“

„Wie meinst du das?“

„Wenn du nachts zum Himmel hochschaust, wirst du wissen, dass ich auf einem von ihnen wohne und lache. Darum wird es für dich so sein, als würden alle Sterne lachen. Deine Sterne werden lachende Sterne sein!"

Und er lachte wieder.

„Und wenn du eines Tages nicht mehr traurig bist, denn man kommt immer darüber hinweg, dann wirst du froh sein, dass du mich kennengelernt hast. Du wirst immer mein Freund bleiben. Du wirst Lust haben, mit mir zu lachen. Und manchmal wirst du das Fenster öffnen, einfach so, aus Freude … Und deine Freunde werden sich wundern, warum du immer lachen musst, wenn du zum Himmel hochschaust. Du wirst zu ihnen sagen: ‚Ja, die Sterne bringen mich immer zum Lachen!' Sie werden glauben, dass du übergeschnappt bist. Da werde ich dir ganz schön was eingebrockt haben …"

Und er lachte wieder.

„Als hätte ich dir keine Sterne geschenkt, sondern lauter Glöckchen, die wie helles Lachen klingen."

Und er lachte wieder. Dann wurde er ernst. „Heute Nacht … weißt du … komm da lieber nicht mit."

„Ich lass dich nicht allein."

„Du wirst glauben, dass es mir schlecht geht … Es wird beinah so aussehen, als würde ich sterben. Das geht nicht anders. Schau dir das nicht an, erspar es dir lieber …"

„Ich lass dich nicht allein."

Der kleine Prinz wirkte besorgt. „Ich sag das auch wegen … der Schlange. Damit sie dich nicht beißt … Schlangen sind böse. Sie beißen manchmal einfach so zu, zum Vergnügen …"

„Ich lass dich nicht allein."

Etwas allerdings beruhigte ihn: „Aber für einen zweiten Biss haben sie gar nicht genug Gift."

In der Nacht brach er auf, ohne dass ich es merkte. Lautlos suchte er das Weite. Als es mir endlich gelang, ihn einzuholen, ging er mit schnellen, entschlossenen Schritten seines Wegs. Zu mir sagte er nur: „Ach, da bist du ja …"

Er griff nach meiner Hand. Aber seine Bedenken quälten ihn weiter: „Das ist nicht richtig von dir. Es wird dir wehtun. Es wird aussehen, als wäre ich tot. Aber das wird nicht so sein …"

Ich schwieg.

„Verstehst du? Mein Stern ist zu weit weg. Ich kann meinen Körper nicht mitnehmen. Er ist zu schwer."

Ich schwieg.

„Er wird wie eine Hülle sein, die abgestreift wird und um die es nicht schade ist."

Ich schwieg.

Er wirkte jetzt etwas verzagt. Trotzdem redete er weiter: „Das wird nett, weißt du. Auch ich werde zu den Sternen hochschauen. Die Sterne werden für mich lauter Brunnen mit einer ächzenden Seilwinde sein. Ich werde von ihnen zu trinken bekommen …"

Ich schwieg.

„Das wird unglaublich lustig! Du wirst fünfhundert Millionen Glöckchen haben und ich fünfhundert Millionen Brunnen …"

Und dann schwieg er auch. Er weinte.

„Hier ist es. Lass mich den letzten Schritt allein machen."

Er musste sich hinsetzen, weil er Angst hatte.

„Weißt du … meine Blume …", sagte er noch, „ich bin doch für sie verantwortlich! Und sie ist so schwach. Und sie ist so unerfahren. Sie hat nur ihre vier Dornen, um sich vor der Welt zu schützen."

Ich setzte mich neben ihn, weil ich mich nicht mehr aufrecht halten konnte.

Er sagte: „Da sind wir … Hier ist es zu Ende …"

Er zögerte etwas. Dann stand er auf und ging noch einen Schritt. Ich vermochte mich nicht zu rühren.

Ein gelber Blitz nahe seinem Knöchel, nicht mehr. Einen Augenblick stand er reglos da. Er schrie nicht auf. Er fiel langsam um, wie ein Baum. Kein Laut war zu hören. Sanft fiel er in den Sand.

27

Sechs Jahre ist das alles nun schon her … Ich habe diese Geschichte noch nie jemandem erzählt. Die Piloten der anderen Flugzeuge waren damals glücklich, mich lebendig wiederzusehen. Mir war ganz traurig zumute, aber ich erklärte ihnen: „Das ist die Erschöpfung."

Inzwischen habe ich mich darüber hinweggetröstet. Na ja, wenn ich ehrlich bin: nicht ganz und gar. Aber ich weiß, dass er zu seinem Planten zurückgekehrt ist, denn bei Sonnenaufgang habe ich seinen Körper nicht mehr gefunden. Er war ja auch nicht sehr schwer … Und nachts lausche ich den Sternen. Sie sind für mich wie fünfhundert Millionen Glöckchen …

Aber wisst ihr, was mir passiert ist? Beim Maulkorb, den ich für den kleinen Prinzen gezeichnet habe, habe ich den Lederriemen vergessen! Er hat ihn dem Schaf nie anlegen können. Deshalb frage ich mich jetzt immer, was sich auf seinem Planeten wohl ereignet haben mag? Vielleicht hat das Schaf ja die Blume gefressen …

Manchmal denke ich: Ach was, ganz bestimmt nicht! Der kleine Prinz stülpt doch jeden Abend die Glasglocke über seine Blume. Und er passt gut auf sein

Schaf auf. Dann bin ich glücklich und die Sterne lachen alle ihr glockenhelles Lachen.

Manchmal denke ich aber auch: Ab und zu ist jeder mal etwas zerstreut, das reicht! Vielleicht hat er eines Abends die Glasglocke vergessen oder das Schaf hat sich nachts aus seiner Kiste geschlichen. Dann verwandeln sich die Glöckchen in lauter Tränen!

Welch großes Geheimnis doch darin liegt: Für euch, die ihr den kleinen Prinzen genauso liebt wie ich, ändert sich alles im gesamten Universum, je nachdem, ob irgend-

wo auf einem uns unbekannten Stern ein uns unbe-
kanntes Schaf eine Rose gefressen hat oder nicht …

Schaut zum Himmel hoch. Fragt euch: Hat das
Schaf die Blume gefressen? Oder hat es sie nicht gefressen? Und ihr werdet sehen, dass davon alles abhängt …

Aber kein Erwachsener wird jemals verstehen, warum das von so unendlich großer Bedeutung ist!

Das ist für mich die schönste und die traurigste Landschaft auf der ganzen Welt. Es ist dieselbe Landschaft
wie auf der vorherigen Seite, aber ich habe sie noch

einmal gezeichnet. Schaut sie euch genau an! Hier ist der kleine Prinz auf der Erde gelandet und hier hat er sie auch wieder verlassen.

Prägt euch diese Landschaft gut ein, damit ihr sie wiedererkennt, wenn ihr eines Tages in Afrika durch die Wüste reist. Und falls ihr zufällig dort vorbeikommt, haltet an und wartet ein wenig – genau unter diesem Stern! Darum bitte ich euch. Wenn dann ein kleiner Junge auftaucht, wenn er gerne lacht, wenn er goldene Haare hat und wenn er auf eure Fragen keine Antwort gibt, dann wisst ihr gleich, wer es ist. Seid nett zu ihm! Und lasst nicht zu, dass ich noch länger traurig bin: Schreibt mir, dass er zurückgekehrt ist …